我们在路上

摆国元／主编

北京燕山出版社
BEIJING YANSHAN PRESS

图书在版编目（CIP）数据

我们在路上 / 摆国元主编. — 北京：北京燕山出
版社，2020.12
ISBN 978-7-5402-5839-9

Ⅰ.①我… Ⅱ.①摆… Ⅲ.①中学－校长－学校管理
－文集 Ⅳ.①G637.1-53

中国版本图书馆CIP数据核字（2021）第008523号

我们在路上

主 编	摆国元	
责任编辑	满 懿	
出版发行	北京燕山出版社	
地 址	北京市丰台区东铁匠营苇子坑138号C座	
电 话	010-65240430	
邮 编	100079	
印 刷	北京政采印刷服务有限公司	
经 销	新华书店	
开 本	170mm×240mm 16 开	
字 数	266千字	
印 张	14.75	
版 次	2022年4月第1版	
印 次	2022年4月第1次印刷	
定 价	45.00元	

编 委 会

目 录

第三章　教育文化发展 \ 093

第四章　提高学生素养 \ 119

第一章

学校文化构建

以"能行"文化驱动学校发展

——我的成长历程

兰州市第六十四中学　摆国元

　　我出身于农村，深知农村教育出一名大学生的艰难，更能体会培养出一名大学生令一个农村家庭获得的那种光荣与自豪。一个农民往往因为他培养出一名大学生而成为全村，甚至全镇的名人。大家一提到这个人、这个家庭，无不竖起大拇指，说一句："能成！"或许这个农民以前在十里八村并不为人所知，但培养出大学生之后，他、他的家庭也就有了引以为傲的资本和受人敬重的资格！

　　农村的生活经历对我影响很大。随着对教育工作认识的不断提升，我也逐渐形成了自己的教育理念——让"学校能行，老师能行，学生更能行"。后来，我把它凝练成为兰炼三中（后更名为兰州市第六十中学）"能行"文化，用以驱动学校的发展。

　　我初任校长一职是在兰炼三中。该校于2003年5月23日由兰州市政府批准成立，并组建完全中学，同年秋季开始高中招生，隶属于兰州炼油化工总厂所属二级单位兰炼教培中心（兰炼教育集团）。

　　建校之初，学校外部竞争环境非常恶劣：西固区历来就有重视教育的传统，区内强校林立，有省级示范性高中三所、市级示范性高中五所。这对西固区的家长来说，是一件好事，但对我们这样一所普通高中来说，就是很大的挑战。

再来看学校办学环境：由于兰炼三中是在小学基础上新办的中学，学校错失了发展的机遇，同时教育教学设施也较为陈旧，不能很好地适应中学教学的需要。再加上学校没有什么知名度，学生家长对教学质量心存疑虑，招生比较困难，加之地理位置偏僻，地处兰炼厂前，污染严重，教师人心浮动，造成了学校在招生方面无法与省级重点学校竞争，很难与市级示范性高中竞争的局面。

最后来看看学生情况：因为多种原因，我校招收的学生大多是西固区农村、城乡接合部农民或个体户家庭的子女。他们质朴、勤劳，但缺少良好的家庭教育，父母在教育中的缺位，使得这些学生在放纵天性的道路上越走越远，入学成绩普遍较低，学习习惯普遍较差，学习兴趣普遍不浓。有人曾开玩笑说，"让这些学生考上大学，就是让顽石开窍了"！

现实似乎很残酷，但绝不是无路可走。

我深深地知道，人的一生很漫长，并不是考上大学，被人夸一句"能成"就大功告成了；一时的"能成"，不代表一生的"能成"。作为教育工作者，我们还得考虑学生今后更为长远的发展，为他们的一生都能有尊严地生活打下基础。于是，在跟班子成员仔细分析、研讨之后，我们达成了"靠质量求生存、以特色促发展"的共识，并决定——办特长班！

当时的想法是，有了特长班，就能让兰炼三中的学生用文化、特长两条腿走路，也就多了一条考大学的门路，即使他没有考上大学，日后走上社会，也能有一些特长，甚至能成为他谋生的手段。这一想法可能比较世俗，但却实实在在地让学生得到了好处。

很快，特长班建立起来了。但是建起特长班，不等于办好特长班。办好特长班，不等于办好教育。商场上有一句话叫"人无我有，人有我优，人优我特"，后来被许多人引用到各自的领域，办教育也是如此。我希望做到：能创第一创第一，不能创第一创唯一。

为此，我又提出"效益靠质量、质量靠教学、教学靠教师、教师靠管理、管理靠制度"的"五靠"思路。这一思路以学校"能行"文化为基石，按照"学校能行，教师能行，学生更能行"的理念，落实到学校制度文化、管理文化、教师文化等各个方面。我所期望的是，全校教师、学生，都能够把"能行"作为自己的评价和今后学习生活的追求，相信自己的"能"，矢志不渝地"行"，最终收获人生的幸福，收获生命的尊严。

此外，我们还积极开展教育教学改革，狠抓干部和教师队伍建设，在课程建设上下功夫，大兴教研之风，力推"四环七能"教学模式。

事实证明，这些做法都是正确的。在全校上下的共同努力下，我们确实做到了让"学校能行，教师能行，学生更能行"。

让我记忆犹新的是，2003年，一位姓孟的家长到我的办公室，说孩子考上了兰炼三中的高中，但他以拾荒为生，家里经济实在困难，希望能减免孩子的学费，我们经过核实，确认家长所言属实，于是经班子成员讨论后，免除了这名学生的学杂费。可第二年，这位家长又来了，家里的二儿子又上高中，也无力承担相关费用，家长提出愿意在晚上学生放学后，来为学校打扫卫生，以此免除二儿子上学的费用，学校也同意了。隔了一年，还是他，提出愿意两口子一起为学校打扫卫生，希望免除刚考上高中的老三上学的费用，有感于家长一片爱子之心，学校第三次同意了他的请求。多年之后，我再次见到这位家长时，他的家庭境况已大为改观：三个孩子都考上了大学，并参加了工作，家里也买了楼房，他和妻子也已不用打工，而在家帮子女带孩子，享受着天伦之乐……兰炼三中办学十几年，像这样的家庭比比皆是。这些家庭的孩子凭借自己的努力，在兰炼三中这个平台上发挥自己的聪明才智，既让自己变得"能行"，也让自己的家庭过上了更有尊严的生活。

学生能行了，教师的价值也得到了体现，原本人心浮动的教师队伍也逐渐稳定了。教师们开始静下心来教学，他们立足岗位，研究教法，钻研教学，开发课程，教师业务素养明显提升。几年时间里，教师们辛勤耕耘，开发出校本教材10余种，开设校本课程10余门，开设学科类拓展班20余个，柔道、摔跤、田径、独轮车等体育项目开展得有声有色。在为学校赢得了良好声誉的同时，也促进了教师个人的成长，学校中涌现出省级骨干1人，市区级骨干6人，省级教学能手1人，兰州市教学新秀3人。一支业务水平精湛、吃苦耐劳、无私奉献的"能行"教师队伍建立起来了。

得益于师生的成长，学校各方面工作也取得了极大的进步。在成立高中的这十几年里，兰炼三中相继建成了塑胶操场、精品教室、微格教室、校园电视台、学生食堂……硬件设施基本满足教学需要的同时，还走出了一条特色发展之路。学校的特长教育，尤其是美术教育，凭借多年的过硬的教学质量，赢得了社会的认可，连续十多年获得兰州市教育质量优秀奖。

更为可喜的是，学校干部队伍也随之苗壮成长。为了让干部"能行"，我放手让他们去做，事情办砸了，我来收尾；事情办好了，我也不揽功，这就为干部们搭建了一个良好的干事创业的平台。朱雪松校长与我在兰炼三中工作期间，表现出极强的能力和闯劲。她积极谋划，学校成立了独轮车队，成为学校的一张名片。后来，她到兰炼一小任职，我把独轮车队当作"嫁妆"，让她带到了兰炼一小。现在，独轮车项目仍然是该校的特色课程。与朱校长的经历相似，兰炼三中这个集体还涌现出一批合格的管理干部，为兰州教育的发展贡献出了自己的力量。而我自己，也很荣幸地被评为"金城名校长"。

十五年的光阴转瞬即逝。回首自己的成长历程，我感到非常的幸运——我生在一个奋进的时代，来到了一个激情昂扬的集体，遇到了一群为梦想不懈奋斗的同事，一起走过了一段充满坎坷却又幸福充实的逐梦之路。

我感谢这个时代、这个集体、这群同事！

坚持文化引领　提升办学水平

兰州市第六十四中学　摆国元

自2018年来到六十四中工作以来，我按照"文化引领，内涵发展；做强初中，振兴高中"的思路，发挥学校"和雅"文化的引领作用，有序推进各项工作。2019年，本科上线率80.7%，中考上线率64%，达到近年最好成绩。

一、开展的工作

1. 抓学习凝聚思想共识

（1）做好"规定动作"

学校干部员工以习近平新时代中国特色社会主义思想为指引，牢树"四个意识"，坚定"四个自信"，坚决做到"两个维护"，扎实做好重点工作，修订制度16项，组织政治学习18次，开展约谈98人次，努力提升党员干部"脚力、眼力、脑力、笔力"。

（2）创新"自选动作"

定期举办"和雅讲堂"，组织党员干部分享学习心得，交流管理困惑，总结工作经验，达成共识，形成合力，促进党员干部牢记使命初心，勇于担当作为。

2. 抓管理理顺运行机制

（1）制度建设讲民主

本学期，先后7次听取教工意见，经4次修改制定的学校《绩效考核奖励办法》由教代会讨论通过并平稳运行，进一步充实了学校"和雅"管理制度

体系。

（2）制度落实讲规范

定期召开校务会，民主决策学校重大事项。同时，紧盯制度落实，梳理了费用报销、内部招标、评先选优、考勤管理等制度落实的流程，制定了规范严格的办事程序。

（3）日常管理讲标准

对照《义务教育学校管理标准》和《兰州市示范性普通高中评估标准》的要求，找差距、改不足、练"内功"，着力提升办学水平，并分3批次邀请家长参与学校治理，形成办学合力。

3. 抓德育助力学生成长

学校聚焦立德树人根本任务，认真落实德育"134"行动计划，结合学校文化，创新性地开展"雅言、雅行、雅趣"的"三雅"教育，将其与主题教育、日常行为规范管理有效结合，以推动学生自主管理和德育工作水平提升；开设核心价值观校本课程，积极落实全员育人导师制；开展研学和社会实践活动，推进社团校本化工作，组建学生社团24个，开设航模、建模、车模、海模和无线电测向课程5种；成功举办了校园文化艺术节、第三届科技周活动和读书节系列活动，助推学生全面发展。

4. 抓教改提高办学水平

（1）提升教师素养

建立教师培养机制，重新修订了师德评价、职称评聘、绩效考核等制度，培养"和教善喻"的教师队伍。上半年，有6人被选为省市区级骨干教师培养对象，1人被评为市级骨干班主任，立项个人课题7项、市级规划课题10项、在省级以上刊物发表论文10篇，5名教师被聘为专职教研员，31名教师在片区及以上各项竞赛评比中获得奖励。

（2）推进教学改革

组织60多名教师参加新课程培训，开展了2次全校范围的校本培训，在高一开设美术特长班，高三开展走班制教学探索。同时，组织毕业年级复习研讨课、新教师亮相课、骨干教师展示课、新课标学习汇报课等公开教学活动，不断推进学校"一导二主四联动"高效课堂教学模式向纵深发展，举办6场学生心理健康、生涯规划方面的讲座和学生活动。

（3）构建课程体系

积极构建"尚德致和"校本课程体系，在去年充分调研的基础上，组织开发校本教材16种，经学校校本教材审查委员会审核，最终通过11种，现已交付印刷。

5. 抓保障建设"和雅"校园

（1）落实安全保障

学校签订安全工作责任书130余份，完成安全预案20余项，制定楼道疏导员岗位安全管理制度，开展安全培训和演练2次，举办女生预防性侵害专题讲座3场、预防校园欺凌法律讲座1次。扎实开展"扫黑除恶"专项斗争，对校园欺凌、校园贷、校园周边环境乱象进行了全面深入调查摸底和整改。

（2）加强后勤保障

综合实验楼重建工程于2019年7月份完工并正式投入使用，室外工程、报告厅、录播教室、食堂、会议室装修等各类工程齐头并进，力争下学期投入使用。此外，学校还拆除了操场周围所有护栏与计时台，安装了新的终点计时台，更换了操场扩音设备，为体育教学工作提供了保障。

（3）提高宣传保障

建立了新闻稿件审核制度、新闻报道奖励制度和责任追究制度，成立信息化安全管理领导小组，建立信息内容审查制度和信息发布登记制度，加强通讯员培训，根据"创文"工作需要，开展各类宣传，讲好六十四中故事。

二、存在的不足

1. 教师发展内驱力不足

教师对自身发展的期待不足，主动学习、自觉提升业务水平的动力还不够。

2. 外部环境有待改善

学校较为偏僻，旁边还有塑料改性厂，空气污染严重，货车出入频繁，前面有排洪沟，杂草丛生、垃圾较多，这些都对学校造成了负面影响。

3. 其他

制度落实的精细化程度不够，治理水平有待提升。

三、今后的打算

1. 提升治理水平

进一步加强办学章程建设，细化制度修订，规范工作流程，开展内部治理结构方面的尝试，建立学校管理委员会，提升学校管理的民主化、科学化水平。

2. 提升业绩水平

在教育局指导下，科学稳妥地推行教师竞聘上岗制度，探索符合学校实际的聘任机制。持续开展"三雅"教育，树立德育工作品牌；提升办学特色，办好特长班，构建"尚德致和"校本课程体系，做强初中，振兴高中。

3. 提升保障水平

以学校室外工程建设为契机，创建楼宇教室文化、走廊文化、班级文化，丰富学校文化体系。做好综合楼配套设施的建设工作，强化后勤服务能力。加强安全教育和安全培训，做好校园周边环境治理工作，创设良好的学习环境。

学校教育现代化发展的几点思考

兰州市第六十四中学　摆国元

一、政策支持层面

（一）学校需要的政策支持

1. 加强工作指导，维护《章程》权威

（1）加强领导。加强党对学校各项工作的领导，学校《办学章程》必须贯彻落实党和国家的办学方针与政策，真正成为学校办学活动的遵循和准则。

（2）规范流程。要出台政策，规范学校《办学章程》的制定规则、审批流程、法律依据。

2. 关注过程管理，保障办学权益

（1）要为学校减负，减少各类迎检任务。

（2）要为教师维权。制定细则，明确教师在学生管理方面的权利、责任和义务，减少教师在教育管理方面的顾虑。

（3）要强化奖惩。建立制度，加强对优秀教师的表彰；同时，尝试建立不合格教师退出机制，对师德、专业等方面不合格的教师，取消其事业编制，吊销其教师资格证。

（二）给学校的可行性建议

1. 加大培训力度

要加强教育法律法规的学习和培训，在对在职教师进行常态化教育法规

培训的同时，可在教师资格证考试中，加入对相应法律知识的考察，以提升教师队伍知法、懂法的水平。

2. 强化执行力度

在兑现待遇、出台考核制度的基础上，加强法律顾问、法制副校长的工作，由各校纪检监察室统一管理、考核，建立起学校教育法律咨询、监督体系。

二、自主管理层面

现有教育体制机制下，学校自主管理空间的高低，在某种程度上取决于校长的办学智慧。好校长可以在用好用足政策条件的情况下，大力提升学校办学水平；但经验不足的校长，就只可能成为政策制度的执行者，被动地开展工作。个人认为，要提高学校自主管理能力，须在政府"放管服"改革进一步深化的前提下，协调各方，统筹推进。

1. 以《办学章程》为依据

教育管理部门要营造尊重学校《办学章程》、尊重学校自主办学权力的政策环境，帮助学校制定符合学校实际、切实可行的《办学章程》，使学校能以《办学章程》为准则，开展教育教学活动。

2. 以管理标准为目标

学校要以国家制定的学校管理标准为奋斗目标，提升管理水平，推动学校内涵式发展。

3. 以任期考核为保障

学校可实施校长任期责任制，加强对校长的任期考核，深入推进"管办评"分离，把选拔任用与绩效考核等联系起来，充分利用干部考核手段，敦促校长积极提升管理水平。

三、内部治理层面

个人认为，完善学校内部治理结构，要在协调各方关系的基础上，以制度建设为重点，以队伍建设为保障，建立起适应学校实际的、流畅高效的管理机制。

1. 协调各方关系

要以制度协调好校内和校外关系，明确学校与相关方面的关系，明晰各方权责，形成政府宏观管理、学校自主办学、督导机构监督引导的格局。

2. 加强制度构建

要以落实立德树人根本任务和培养全面发展的社会主义建设者和接班人为目标，系统构建学校教育的核心制度和外围制度，以更好地促进学生发展。

3. 强化队伍建设

要加强党建工作、师德师风建设，将作风建设落到实处，改进干部、教师的工作作风，提升职业素养和职业道德水平。

4. 理顺管理机制

建立完善的学校民主决策机制、管理责任机制、监督制衡机制、参与合作机制、平等竞争机制等现代学校管理机制，理顺关系，使之真正发挥作用。

四、政府管理层面

政府在教育管理中应做好教育方向的引领者、教育发展的服务者、教育管理的监督者。一是做好教育方向的引领者。政府要充分预判未来教育发展趋势，认真研判国际、国内教育形势，通过制定教育发展的纲领性文件、出台学校建设管理标准等措施，综合使用政策、资金等杠杆，引领学校健康有序发展。二是做好教育发展的服务者。政府可通过制定有效的制度、创设良好的教书育人环境等方式，以间接或直接的方式服务于学校发展。三是做好教育管理的监督者。可通过专业机构测评、学生家长评教、督导机构监察等多种方式，加强对学校的监督。尤其是要加强对学校意识形态方面的监察，确保学校教育管理朝着正确的方向前进。

五、社会参与层面

从我市教育的实际来看，社会各界对教育的关注度和参与教育治理的热情普遍较高。在操作层面，我们开展集团化办学、联合办学、学校家委会参与学校治理等多种尝试，对学校工作产生了积极的影响。在此层面，可尝试实行自治委员会制度，集合关心教育事业、了解教育规律的社会人士，统筹各方资源，助力学校发展。

学校文化建设与校长担当

兰州市第六十四中学　摆国元

学校文化建设的关键人物是校长。校长的理念、价值观、行为准则等都会渗透到学校管理的各个方面，所以校长不仅要有自己的办学思想、办学个性、创造力，还要善于在教育实践中把校园文化展示出来，形成一种教育的影响力，一种孕育着巨大潜能的教育资源。因此，校长在学校文化建设中的作用是举足轻重、无可替代的。校长必须要有执着的教育理想、明确的办学思路，才能在学校文化建设中扮演好自己的角色，以满足社会和学校发展的需求。

一、校长应该拥有执着的教育理想

作为一名校长，最可怕的是失去梦想，丧失理想。因为这意味着校长就没有了前进的目标，又如何来谈工作的创新与超越呢？所以，校长理应拥有执着的教育理想。

对于校长来说，学校管理实践不仅仅是一项工作，也是校长的一段成长历程。我心目中的好校长应该具备三个条件。

（1）要有人格魅力。具有教育家的气度、胸怀，充满正能量，既不媚权也不媚俗；他不是靠校长的职位赢得尊重，而是靠崇高的人格魅力奠定他的地位。

（2）要有绩效。在任职期内能有效促进学校发展，能形成一定的典型经验，为学校发展形成独特的理念框架。

（3）要有极强的创新精神，能大胆地在实践中去尝试。

二、校长是精神文化的传承者

精神文化是学校文化之本，是学校文化管理的最高层次。

1. 校长要善于传承

校长要清楚地了解学校的校史、校情，对校史中的优秀文化要传承下来，发扬光大。

2. 校长要善于超越

校长要解读复杂的传统文化，敢于向已不符合时代需求的"约定俗成"挑战，取其精华，弃其糟粕，实现历史的超越。

3. 校长要善于整合

校长要通过共同价值观的整合，建立更为完善的理念体系。

兰炼三中"能行"文化特色也历经了传承、超越、整合三个阶段。"能行"二字，来自西北方言"能成"这个词语。学校地处石化厂区前，且创办高中之初生源基础较弱。但是自创办高中以来，我校坚持"靠质量求生存，以特色促发展"的办学理念，创造了惊人的"炼三"速度，11次蝉联兰州市高中教育质量优秀奖，这也逐步让"炼三"人树立起信心，赢得了社会声誉。2010年，学校提出用"能成"来定位学校文化。但是，随着对学校文化的领悟和挖掘，一句"能成"不能完全体现出学校领导班子率领全校师生砥砺奋进的精神。于是，2011年我们将"能"和"行"组合在一起，用"能行"两个字来统领学校文化的核心。2013年初，确立了以"学校能行，教师能行，学生更能行"为核心的学校"能行"文化，并进一步将"能行"阐释为：能（培能为重，德育为首），行（自主践行，以行为范），能行（我能我行，充满自信）。

三、校长是制度文化的经营者

学校的制度文化，是国家政策法规及社会道德在学校日常工作和生活中体现出的学校管理风格，是全体成员认可并自觉遵守的行为准则。校长应是学校制度文化的经营者。

1. 完善制度

自我任校长以来，学校按照"工作有规范，管理有章法，考核有条例，奖励有力度"的原则，出台了一系列规章制度和改革措施，以调动广大教职员工的工作积极性和创造性，如《管理文化》《学校文化手册》《绩效工资方案》《劳动纪律和工作纪律的规定》《外出教师管理办法》《教科研课题管理及成果奖励办法》等。通过深入调查分析，提出了学校"十三五"发展要略；结合学校创办高中以来所取得的成绩和现状，对照《兰州市普通高中星级学校评估标准（初稿）》制定出《学校"十三五"发展规划》。这些制度、条例、办法的实施和推进，规范了学校的办学行为，激发了教师的教学热情，丰富了学校文化内涵，为全面提高学校的教学质量提供了有力保障。

2. 科学管理

作为校长，一方面要坚持那些通过实践证明是正确而符合校情的思想原则、精神追求，保持刚性制度的持久性和不可更改性，使刚性制度闪耀出人文的光辉；另一方面，必须发挥弹性制度的作用，使学校具有足够的应变力，可以根据各种新观念、新潮流、新情况，及时有效地调整关系，更新制度，保持弹性制度的敏感性和灵活性。

四、校长是行为文化的引领者

学校行为文化是学校文化的重要组成部分，是学校静态文化的外化和动态表现。它包括教师行为、学生行为和活动策划等内容。校长只有在日常工作中扎扎实实地抓好行为文化建设，才能推进学校精神文化的不断深入。在学校行为文化的建设中，校长应是引领者。

兰炼三中行为文化有两个方面做得较为突出。

1. 校本课程体系的研发

我校秉承国家课程校本化、校本课程微型化的理念，开设了航模、青春起航、研究性学习等多门校本课程并取得了一定成绩。我校已经组织教师编写了《色彩基础》《素描基础》《艺术教育实施方略》《地震来了怎么办》《礼仪是你最好的名片》《新史观视野下高中历史记忆点拨手册》《高考数学第一轮备考讲义》《高考数学第二轮过关手册》等多部校本课程教材，其中《素描基础》入选兰州市精品课程。

2. 举办各种"能行"系列活动

例如"能行"文化艺术周暨艺术节系列活动，内容包括美术作品展、教师公开课、演讲比赛、模拟联合国、航模展示等。

这两个方面的建设使兰炼三中的办学理念由内向外延伸、传递，提高了学校的整体形象，获得了更多公众的认知、评价及赞誉。

五、校长是物质文化的设计者

学校的物质文化主要指学校的特定环境文化，它一般包括校舍建筑、场地设备、室内外布置、花草树木等。校长必须当好学校物质文化的设计者，科学规划、精心设计，从而折射出学校的精神风貌和文化内涵，让师生在良好物质文化的氛围中得到长久的熏陶。

兰炼三中的物质文化建设，我们力争起到"润物细无声"的教育作用。兰炼三中出台了《学校"十三五"环境文化建设规划方案》，在学校环境的设计和建设中，植入"能行"文化元素，营造积极向上的育人环境。

优秀的学校文化是一面旗帜，它引领着师生意气风发地前进；优秀的学校文化是一种氛围，它熏陶感染，润物无声；优秀的学校文化是一种向心力，它凝聚人心、形成合力；优秀的学校文化是宝贵的资源，是学生成长、教师发展的肥沃土壤。校长要充分认识到学校文化的重要性，充分认识到自己在学校文化建设中的角色，勇于实践，敢于担当，开拓创新，才能打造出鲜明的文化特色，培育出优秀的学校文化，孕育出优质的学校教育！

下面谈谈我对学校文化建设的一些思考。

（1）学校文化建设是一个创造→享受→再创造的动态过程，通过反复积淀、升华，呈现出特有的生命力。在这一过程中校长要关注教职工的自主参与、自主学习、情感体验，只有让教工不断取得进步和成功，才能实现学校可持续发展。

（2）要明确发展主题，即学校文化建设的方向要明确。校长是学校的领导和核心，是学校教育的组织者和决策者。校长除了要懂管理之外，还要懂经营，尤其是文化经营，学校必须走整合学校文化力的办学之路。校长的教育观念、价值取向，往往决定了学校的办学理念、办学风格，在很大程度上也影响着学校的物质文化的创造、教育制度的形成以及学校精神的培育。"校长的领导是教育思想的领导"，要有自己的办学思想，不能人云亦云。

以基本方略为行动指南破解学校发展瓶颈

兰州市第六十四中学　摆国元

按照"不忘初心，牢记使命"主题教育总体安排，我校于2019年9月底至10月中旬分5个调研组，通过调查问卷、座谈研讨等形式，对全校师生和家长就学校各方面工作开展情况进行了全面调研。

通过调研检视问题，我们收集到5个方面的19条意见建议，这些意见建议，指出了学校发展过程中存在的瓶颈，表达的是师生和家长对学校发展的关切。如何解决好这些问题，满足师生和家长对优质教育的需求，既是落实"不忘初心，牢记使命"主题教育的要求，更是我们办人民满意的学校的具体努力方向。我认为，加强问题整改落实、破解学校工作的瓶颈，首要的是要以习近平新时代中国特色社会主义思想为指导，在落实"十四个坚持"基本方略方面下功夫。

一、整改的原则——坚持以人民为中心

通过此次调研，我们发现了一些深受师生和家长关注的、迫切需要解决的问题：党员干部普遍关心的是党建常规、学校规划、规范办学等方面的问题，教职员工普遍关心的是师德师风、个人发展、工资待遇、工作环境方面的问题，家长们普遍关心的是教学质量、学生德育、安全保障方面的问题，学生们普遍关心的是课程多样化和个人全面发展方面的问题。全校教工，尤其是党员干部要针对这些问题展开工作。在整改落实过程中，要坚持"三个有利于"

我们在路上

标准，一是看是否有利于调动师生的积极性、主动性、创造性；二是看是否有利于增强师生的获得感、幸福感、安全感；三是看是否有利于提高师生的向心力、凝聚力、战斗力。例如，要重视教工对绩效工资分配的关切，审慎开展分配方案的修订工作，更好发挥绩效工资的调动引导作用；要关注教师自我提升的需要，大力推进教师培养工作，给教师创造培训学习的机会和自我发展的平台；要听取教师改善办公环境的建议，加大争取资金的力度，努力提高教师工作条件；要理解学生对全面发展、快乐成长的期盼，积极开发校本课程，为学生创设展示自我的舞台。总的来说，就是要坚持以人民为中心的发展思想，坚持立党为公、执政为民，把党的群众路线贯彻到学校治理的全部活动之中，把满足师生和家长对优质教育的期盼作为奋斗目标，依靠师生和家长的共同努力推进学校工作不断向前发展。

二、整改的途径——坚持全面深化改革

1. 管理方面：要加强内部治理结构改革

一方面，坚持开门办教育，成立政府人员、社区群众、家长学生、教职员工参与的校务委员会，制定章程，落实工作，所有事关学校全局的重大决策、重大事项，均提交校务委员会审议并监督执行，进一步建立科学决策的保障机制和民主监督机制；另一方面，实行精细化管理，理顺学校办事流程，明确责任部门、责任人，按照高效、廉洁的原则，做精工、抠细节，细化常规管理，努力做到工作责任到人、日清日结。

2. 德育方面：要深化"三雅"教育改革实践

要将"三雅"教育和市教育局德育工作"134"行动计划有机结合，和德育主题教育相结合，和践行社会主义核心价值观相结合，和学生行为习惯教育相结合，发挥学生会、团委的作用，建立学生自主管理的工作机制、评价办法，大力开展学生志愿服务活动，尝试将"三雅"教育与家庭教育、社区活动相结合，扩大"三雅"教育的知名度，形成典型经验，向兄弟学校推广。

3. 教学方面：要持续开展课程改革

（1）力促课堂品质有提升

在加强常规管理的基础上，进一步推动"一二四"高效课堂模式开花结果，及时梳理总结经验，使之在教学成绩提高、核心素养培养、应对新高考改革等方面起到助推作用。

（2）力促课程开发成体系

要加强校本课程的开发力度，加强总结提炼，使之与国家课程、地方课程一起，形成适应学生发展需求、具有学校特色的"和雅"校本课程体系结构。

（3）力促美术教育上台阶

要在现有基础上，强化对学生、家长的引导，使美术教育成规模，要加强师资配备、提升硬件水平、强化校本教研、拓宽学习资源、加大宣传力度，提高学校美术教育的教学质量和社会美誉度，力争实现"三年区内知名，六年跻身市属学校一流"的教学目标。

（4）力促中、高考成绩创新高

一方面，要在提高生源质量上想办法；另一方面，要在向内挖潜，提质增效上做文章，组织全校师生为实现中高考成绩再创辉煌而努力。

此外，还要加大文化建设、后勤、信息化、安全等方面的工作。要深入挖掘"和雅"文化内涵，将"和雅"理念渗透到校园各个角落，融入师生行为之中；要积极争取资金，开展操场翻新、主席台重建、教学楼维修等工作，使学校面貌有大的改观；要提升学校信息化水平，探索网络环境下的管理改革，加强信息技术在教育教学中的运用；要时刻保持警惕，做好安全教育、强化安全管理，防范事故于未然，力争用三年左右的时间，建成省级文明校园、书香校园、快乐校园。

三、整改的保障——坚持党对一切工作的领导

党的十九大报告指出，"党政军民学，东西南北中，党是领导一切的。"要搞好学校工作，首要的是搞好党的建设，全面加强党对学校工作的领导。

1. 要在思想统领上下功夫

学校党总支部委员会要按照总揽全局、协调各方的原则，在学校工作中发挥领导核心作用，把各方面的力量协调起来，形成合力。以思想政治工作为抓手，坚持马克思主义的指导地位，做好思想政治工作评价体系、诚信考核评价体系建设，教育引导广大师生坚决贯彻执行党的路线、方针和政策，牢固树立"四个意识"、自觉坚定"四个自信"、坚决做到"两个维护"。

2. 要在立德树人上下功夫

要坚持社会主义办学方向不动摇，围绕"培养什么人、怎样培养人、为谁培养人"这一根本问题，把社会主义核心价值观融入教育全过程，深入开展理想信念教育、爱国主义教育、革命传统教育和中华优秀传统文化教育，引导和帮助学生"扣好人生第一粒扣子"，培养德智体美劳全面发展的社会主义建设者和接班人。

3. 要在意识形态上下功夫

要牢牢把握意识形态工作领导权，加强对意识形态阵地的管理，筑牢意识形态安全防线，坚决不给各种错误思潮和有害言论以发声场所和舞台。要加强对宣传工作的领导，加强正面引导，讲好六十四中故事，传播正能量，不断巩固壮大主流思想舆论阵地。

4. 要在队伍建设上下功夫

要严格落实全面从严治党主体责任，积极履职尽责，强化工作落实，按照"四讲四有"标准，打造合格的党员队伍；按照"忠诚干净担当"标准，锤炼高素质的干部队伍；按照"有理想信念、有道德情操、有扎实学识、有仁爱之心"标准，建设敬业奉献的教师队伍。

5. 要在依法治校上下功夫

要在法治理念指导下，加强学校制度体系建设，建立教师评价和学生评价相结合的体制机制，注重制度修订、重建和新建，形成适应校情的制度体系，重视制度执行，以委员会制确保制度执行的公平、公正、公开。

中学内部治理结构变迁中的问题与对策研究

兰州市第六十四中学　摆国元

在依法治国战略的推行影响下，我国中学内部治理结构正在由单一模式向"管办评"分离的多样化治理结构转变，政府职能、校长责任、社会监督及评价都在逐渐发生改变。内部治理结构的改变表现在多个方面，除了体制上的更新变化之外，还体现在学校的管理模式及管理结构的创新上，可以说是一种权责关系的重新划分。但在内部治理机构的演变过程中，传统而单一的结构对变革产生了很大的限制，学校领导对学校内部治理结构的变革也没有表现出应有的理解和支持，加上监督评价主体的参与观念欠缺，导致中学内部治理结构的变革遇到瓶颈。如何解决现有结构存在的问题，如何完善内部治理结构，是目前中学管理和发展中的重要内容。

一、中学内部治理结构的改革历程回顾

自1949年以来，我国教育就开始重视中学内部治理结构的变革，在此期间出现的体制主要有以下几种：一是校务委员会制，二是校长责任制，三是党支部领导下的校长责任制。从中可以看出两点：一方面是当时的结构变化趋势是由一人独掌制向多方共同管理制度转变；另一方面是党支部与学校校长的责任变化。其中，校务委员会由优秀的教职工组成，存在着过分民主、责任划分不明确的问题。到1952年校长责任制开始实施，由校长全面领导，副校长、教导主任、总务主任辅助校长工作，这种制度能够有效改善校务委员会制度中

责任不明确的问题，有助于党在中学教育方面的指导思想在学校中得以充分地贯彻落实，但它也存在着忽视教职工的民主意志的缺点。1955年，党组织和学校校长开始相互配合和合作，明确了两者之间的关系。然而，到1958年，这种合作、配合关系被打破，在中学内部治理结构上形成了由党组织全盘管理的现象，直至1961年这种局面才得以改善。1963年，通过不断总结经验教训，教育部明确了党组织的监督作用以及校长的全面管理作用，校长责任制正式形成。经历了"十年动乱"及其后的"拨乱反正"，到1992年，校长负责制在全国范围内得以推行。次年，中共中央、国务院颁布《中国教育改革和发展纲要》确定校长责任制在学校管理中的地位，同时，也把教职工的聘任、工资、岗位职责划分等各个方面都涉及在内，进一步完善了中学内部治理结构。

二、中学内部治理结构存在的问题及原因分析

内部治理机构权责模糊是导致学校管理效率低下的根本原因，内部治理结构权责模糊主要体现在四个方面，即学校党组织与校长的关系管理权限划分不明确、决策方式单一、执行流程繁复、监督体制不健全。

1. 在党组织与校长的关系方面

内部治理结构主要的问题在于两者之间的管理权限划分不明确：一方面在于党组织没有发挥好监督作用，另一方面在于党组织中的民主性体现不足，工作开展以党委书记为准，党委书记与校长之间的权责划分也就成了问题。其原因在于党组织与学校的本质属性和所属组织不同，导致党组织的监督权无法落实，学校内部管理受到党组织的阻碍。

2. 在决策方式方面

现行的内部治理结构具有一定的民主性、科学性，但决策成员基本上都一样，虽有一定的民主性但也具有一定的局限性，无法倾听决策成员以外人的想法，很容易出现决策失误或不实际的问题。其原因在于决策权和执行权都是校长的权力，没有做到两权分离，决策参与人员单一，没有足够的群众基础。

3. 在执行流程方面

首先，主要问题在于执行层多，一个决策的执行往往需要通过多级传达

实施；其次，在于每级的领导人数过多，导致执行任务分散化；最后，校长作为执行权的主要人物，他的权力和责任不断被放大，逐渐形成唯校长是从的不良风气，原因就在于对校长责任制的内容理解不深刻，要么扩大民主化，要么扩大校长权力。

4. 在监督体制方面

党组织在学校内部治理结构中扮演监督角色，但因为监督体制的不健全，导致其监督作用无法有效发挥，反而成为干涉校长决策的阻碍。其原因在于校长负责制的管理制度没有健全的制约体制，虽然对于校长负责制的内容有明确的规定，但因为缺乏体制约束，没有明确的行为细则，导致党组织等部门的监督职能空有其名，实施效果不佳，监督职能得不到有效发挥。

三、完善中学内部治理结构的对策

1. 加强党的领导

2018年9月习近平总书记在全国教育大会上发表重要讲话强调："加强党对教育工作的全面领导，是办好教育的根本保证。"这是新时代加快推进教育现代化、建设教育强国、办好人民满意的教育的根本路径。学校在完善内部治理结构的过程中，加强党对教育工作的全面领导，把抓好学校党建工作作为办学治校的基本功，把全国教育大会精神贯彻落实到学校工作各方面，坚持中国特色社会主义教育发展道路，坚持社会主义办学方向，把培养社会主义建设者和接班人作为教育工作的根本任务，加强学校思想政治工作、意识形态工作，在坚定理想信念、培育爱国主义思想、提升道德修养、增长见识才干、形成奋斗精神等方面下功夫，促进学生德智体美劳全面发展，为决胜全面建成小康社会、实现中华民族伟大复兴奠定更扎实的人才基础。

2. 完善校长负责制

从本质来看，校长负责制是一种可行的内部治理结构体系，要完善中学内部治理结构，就要立足于校长负责制并结合其弊端进行调整完善，对校长权责进行明确划分。校长作为学校的总负责人，他是学校的代表，也是统筹管理学校所有教学工作和行政事务的核心人物，其根本任务是领导全校教职工把学生培养成德才兼备的综合型人才。对于校长的权力和责任，必须要加以完善，要做到权责的平衡统一。校长的责任在于在教学管理中严格落实党和国家的教育方针；统筹管理所有教职工的工作；监督教学工作、加强学生及教师思想教育；建立健全规章制度，维护校园秩序；不断完善教学环境和饮食起居设施、完善师生教学设备。而校长需要明确与责任相平衡统一的权力有五种：第一种是决策权，在国家法律允许范围内、在不脱离教育局教育方针的情况下，校长对学校所有教学、行政事务具有高度决策权，有足够的权利对日常教学工作予以决定；第二种是干部任免权，对于学校考核不通过、大部分教职工一致认为不符合当前职位要求的干部，或者是表现良好受到一致好评的教职工，校长有权力进行人事任免；第三种是改革权，校长在通过多方决议之后应该具有对教职工聘任、结构、管理、工资制度等内容进行改革的权力；第四种是奖惩权，在符合相关法规和学校规章制度的情况下，校长具有对教职工进行奖励和惩罚的权力；第五种是资金、设备使用权，在使用流程符合规定、使用过程公开透明、符合相关规定的情况下，校长对于学校资金、设备等具有使用权。除了以上五种普遍权力外，校长还具有国家和相关部门赋予的其他权力。

3. 建设"管办评"分离的内部治理新模式

目前，中学内部治理结构的主要问题在于权责模糊，各个主体间的职能重叠，因此，要完善内部治理结构，必须做到"管办评"的分离。在管理上，政府及相关部门要调整职能，提升管理及监督效果，政府要做到简政放权，明确区分在管理结构中的权力及责任，要加大对专业性机构发展的支持力度，要完善学校的监督机制，完善各项公示、约谈、奖惩制度，提高监督效果；在办学方面，学校要加强自主规范办学，促进学校规章制度的建立健全，确保章程的有效性，在内部治理结构完善上，要做到以校长为主导，由党组织及相关政府部门监督领导；在评价体系方面，要建立多元化的评价体系，重视党组织及相关部门，包括学生家长、社会大众的评价，确保其科学性和合理性，充分发挥校内各级以及社会各界对学校的评价作用，逐渐完善评价体制。

四、结论

中学教育是我国教育中的重要组成部分，它的内部治理结构是否完善直接影响着中学教学水平和发展情况。目前，我国中学内部治理结构具有权责划分不明确的特点，校长负责制的实施存在着决策方式单一、执行过程繁复、监督及评价体系不健全等问题，这些都制约着教育水平的提升。学校必须要对内部管理结构进行调整和完善，合理划分内部和外部的权责，做到"管办评"的分离，确保内部治理结构的科学性和有效性。

参考文献：

[1] 方芳.中小学内部治理结构变迁中的问题与变革［J］.教学与管理（中学版），2017（8）：20-22.

[2] 辛静.高等学校内部治理结构优化研究——高等学校内部治理结构优化研究［J］.高教探索，2018（5）：后插2.

[3] 李永亮.高等学校内部治理结构优化研究［D］.济南：山东大学，2016.

[4] 刘伏奇.中小学内部治理结构改革的探索范例［J］.教育周刊，2017（23）：62-63.

普通中学依法治校的现状剖析及对策研究

兰州市第六十四中学　摆国元

依法治校是全面推进依法治国的内容之一，提高学校党员干部法治思维和依法治校能力是认真贯彻落实全面依法治国方略的具体体现。依法治校的关键在于依法行政，而能否依法行政则取决于领导干部是否具有法治思维，是否具备依法治校的能力。本文界定了依法治校的基本内涵，结合笔者的管理实践，剖析了普通中学依法治校的现状，对学校党员干部法治思维和依法治校能力的提升问题进行了研究。探索提升普通中学党员干部贯彻法治思维、提升依法治校能力的途径与方法。

一、依法治校的基本内涵

依法治校指的是学校要牢固树立依法办事、尊重章程的理念，依照法律法规、学校章程和制度的规定，通过合法途径和手段管理学校的事务，保证学校各项工作依法进行，推动学校的健康发展。依法治校的核心是"依法"。所谓"依"，是指依据和根据法治思维和法律手段解决问题，即将法律作为判断是非和处理事务的准绳，在进行学校管理时不是以个人喜好为依据，而是有效地把法律作为一种最高权威和依据；所谓"法"，是指国家制定并颁布实施的一系列法律规范体系。依法治校的"法"，除指宪法和法律外，还包括行政法规、地方性法规和规章以及学校为实现管理目标而制定的章程及制度等，尤其指教育方面的法律、法规及学校的规章制度，如《教师法》《教育法》《义务教育法》《学校工作量化考核制度》等一系列法律、法规、制度。普通中学推进依法治校，把教育管理和办学活动纳入法治轨道，是贯彻落实党的教育方针、坚持立德树人根本任务的必然要求；是深化教育改革，推动教育发展的重要内容；也是维护学校、教师和学生各方合法权益，全面提高人才培养质量，实现学校治理现代化的重要保障。

二、依法治校的现状

普通中学在深入推进依法治校以来，取得了一系列突破和进步，但同时也凸显出一些弊病，主要表现在以下几个方面。

1. 规章制度不完善，无法可依

目前，很多普通中学的法制建设依然不系统、不全面。有的学校只是在某一层面上对学校进行依法治理，其最终效果也不明显；有些学校制定的制度不够精细、不够全面，缺乏可操作性。如近年来，因教师严重不负责导致学生受到伤害的案件日渐增多，但由于学校没有明确地处理学生伤害事故的责任追究制度，因此在执行中随意性较大，导致处理与处罚无法可依。

2. 法治思维未形成，有法不依

部分学校在管理过程中以行政命令为主要手段，权大于法、有法不依的现象时有发生。部分学校领导干部对依法治校重要性的认识明显不到位，法治观念还比较淡薄，法治思维还未真正形成，尚未形成自觉运用法律手段管理学校、调处纠纷、维护权益的观念与习惯。在学校管理实践中，"人治"大于"法治"的官本位思想仍然存在。

3. 法律素养待提高，培训不足

部分学校教职工的法律素养有待进一步提高，主要表现在对教职工教育教学能力的培训高度重视，但忽视对教职工的"师德"培训和法律法规学习，导致教职工法律意识不强，甚至出现侵犯学生权益的行为，如体罚、变相体罚、有偿办班补课等。

三、领导干部法治思维提升对依法治校的重要意义

学校领导干部依法治校要以法治思维的提升来规避传统学校治理中的人治思维，克服传统学校治理的局限性。要尊重法律的权威，确保各项教学管理问题依法有序解决。学校日常管理工作要依据《中华人民共和国宪法》《中华人民共和国教育法》《中国共产党章程》等法律章程进行。学校领导干部要做到有法必依、决不违法，坚决杜绝超越权限范围的行为，在法定的权限内以法定的程序和方式推进依法治校。

四、深入推进依法治校的主要途径

针对普通中学面临的无法可依、有法不依、法治思维缺失、管理手段粗放落后等突出问题，深入推进依法治校必须不断健全学校制度、完善管理体制、改进管理手段，不断培养学校领导干部、教师的法治思维和依法治校、依法执教能力，从而创设良好的法制环境，全面提高教育质量和办学水平。

1. 健全学校制度，做到有法可依

有法可依是依法治校的基础。深入推进依法治校，就必须要有属于学校内部的"法"，即紧密联系学校实际，适应本校未来发展需要制定出的整套管理制度体系。学校各项规章制度的制定或修订，要以国家相应的法律、法规为依据并遵守民主程序。学校要根据需要，充分吸收广大师生、教工的意见和建议，积极开展建章立制工作，实时制定或修订学校内部各项规章制度，使学校的各项规章制度，如民主决策制度、教育教学评估制度、教学工作量考核制度、绩效考核分配制度、安全管理制度等与时俱进。对违反法律法规的学校内部管理制度，要及时修改或者废止。学校党政领导必须高度重视依法治校工作，精心制定依法治校实施方案，定期研究解决依法治校工作中出现的问题。

2. 落实校务公开，完善民主监督

学校要进一步完善教职工代表大会制度，切实保障教职工参与学校民主管理和民主监督的权利，保证教职工对学校重大事项决策的知情权和参与权，充分发挥教职工代表大会在学校民主管理和监督中的重要作用，认真抓好教代

会代表提案工作，督促提案的回复和落实。学校要实行校务公开制度，接受社会和舆论的监督，建立学校与社区、家长联系制度，定期听取社区、家长对学校建设的意见和建议。同时，学校也要加强党风廉政教育，防微杜渐，促进学校良性发展。

3. 深化普法教育，培育法治文化

（1）强化法律学习，培育法治思维

依法治校的重要基础之一就是学校领导主动学法，培育法治思维，进而转变学校管理理念。在校内可通过党支部活动、中心组理论学习等方式，要求党员率先带头学法，并在师生中起模范带头作用；通过教职工大会，广泛宣传教育法律法规，组织教师学习现代教育理论和师德规范，大力宣传依法治校的重要性，增强广大教师的法治意识，形成自觉守法和依法治校的优良风气。

（2）加强法制宣传阵地建设

学校要充分发挥校园广播站、校刊、校园网、黑板报及宣传橱窗等校园文化建设阵地的积极作用，开辟普法专栏，制作图文并茂的展板，以喜闻乐见的形式进行法治宣传和教育，力求使全校广大师生员工都能做到知法、守法、依法办事。

（3）健全法治学习体系

学校结合当前的实际问题，组织全体教师重点学习《教师法》《未成年人保护法》等相关法律法规及学校的各项规章制度，提高全体教师的法律素养，强化教师的法律意识和依法执教的能力；定期举办普法知识讲座，让学生逐步形成法治意识。

4. 加强内部管理，依法依规办学

学校要依法保障教育教学管理秩序，认真贯彻党的教育方针，全面实施素质教育，严格执行国家课程计划，切实减轻学生过重的课业负担和心理负担，促进学生身心健康成长。要营造民主、平等、和谐的管理氛围，大力弘扬平等意识，落实师生平等理念，营造以人为本的和谐人文环境。要加强教育教学管理，严格收费政策，规范招生行为，坚决制止乱办班、乱收费、乱发资料的违规行为，形成良好的校风、教风、学风。要做好学校安全稳定工作，保持良好的教育教学秩序。

　　总之，实行依法治校是学校深入贯彻全面依法治国方略的需要，也是推进教育治理现代化，培养合格人才的需要。学校在日常管理中，应以依法治校为宗旨，以培育法治思维为手段，理论联系实际，依法确立本校的治校方略，努力形成学校管理者依法治校、教师依法执教、学生依法治学的和谐局面。

自主办学背景下中学制度体系建构的研究

兰州市第六十四中学　王海河

自主办学的历史悠久，自主办学的学校具有一定的自主权，可以使学校的特色更加突出，而不受各方面的约束。学校可以根据自己的特色去适应周围的环境，从而找到一种最佳的生存状态，可以研究出一种符合自身的教学制度体系，从而使学校具有一定的运转优势。如果想让学校健康地发展，最重要的一点就是加强制度建构，然而当前许多中学的制度体系在建构方面仍然存在着一定的困境，需要我们做出更多的努力去研究和分析，以制定完善中学制度体系建构的策略，从而保障中学的制度体系在学校建设过程中发挥出最大的作用。

一、自主办学背景下中学制度体系建构的必要性分析

1. 提升学校治理水平的需要

俗话说，"治理要上水平，制度要先行"，一个学校治理水平的高低，和制度体系密不可分，一套切实可行的制度体系对提升学校的治理水平有着重要的作用。学校的各项规章制度约束了教师以及学生的日常行为，对于教师来说，一套完整的制度体系可以使日常的考评制度有章可循，使教师更加严谨地教学，对于教学的研究也更加积极，教师整体素质的提升有利于学校教学水平的提高以及教学质量的改善，从而使学校的治理更加规范化、科学化。对于学生来说，完整的制度体系约束了学生的日常行为，保证了学生的行为规范，

学生严格执行学校的制度体系，保证了他们的日常学习不受到其他外界因素影响，促进了他们更加健康地成长和发展。学校的治理过程同时也是落实学校制度体系的过程，完善学校的制度体系可以保证学校治理更加科学化及规范化，是提升学校治理水平的重要保障。

2. 建设现代化学校的要求

随着我国社会的不断进步与发展，我国的中学也逐渐向适应社会化教育与现代社会经济体制方向发展，而制度体系是建设现代化学校的必然要求。《中国教育现代化》提出"加快推进教育现代化、建设教育强国"，这个要求的提出使自主办学学校的建设迎来了更大的挑战。尤其是近几年素质教育的实行，学校"以人为本"的教育理念也逐渐渗透开来，传统的教学制度以及方案已经不再适应新课改的要求了，因此要想迅速地建设现代化学校，促进我国教育的不断进步，就要从完善制度体系开始。只有逐渐改进学校的制度体系，使其遵循素质教育的要求以及原则，适应现代化社会发展的需求，才能更好地建设现代化学校。中学制度体系的构建，使得现代化学校建设有章可循，也使学校的建设目标更加明确，促进了学校的成长和发展。

3. 深入开展教育改革的必然

改革开放以来，中国经历着巨大的变化，在这个大背景下，教育事业的发展也极为迅速，尤其是近几年来中国对教育更加重视，我国教育正进行着改革。学校作为教育改革的主要实行地，对促进改革的完善以及发展有着很重要的作用，而制度体系建构正是深入开展教育改革的必然趋势。为了贯彻《国务院关于基础教育改革与发展的决定》的要求，各地要推进基础教育改革，调整课程体系以及内容结构等，这些要求只有落实到学校的制度建设中，才能更好地深入改革，践行以人为本的教学原则，从而保证教学逐渐趋向于新课改要求。尤其对于自主办学来说，要想跟进时代的步伐以及教育的最新理念，就要逐步完善制度体系，落实教育改革，寻找自身的特色，更好地在教育领域立足。

二、自主办学背景下中学制度体系建构的困境分析

1. 章程在学校治理中的作用不够凸显

学校章程是决定学校的办学宗旨、办学目标、办事规则的根本制度，同

时也是进行自主办学的一种基本准则，《国家中长期教育改革和发展规划纲要（2010—2020）》中明确提出"学校要加强章程建设，依照章程规定管理学校"，但是学校治理过程中并没有突出学校章程的作用。例如学校章程中明确要求我校的办学宗旨要以学生为本展开教学，而在真正地进行学习时，很多教师往往忽略了这一要求，使得学生的自主性不能够得到充分的发挥，学生被动，教师过于限制，从而阻碍了学生自主性的发展。除此之外，学校在管理学生时，往往也会忽略章程的作用，而使学校的整体治理没有完全遵循学校章程的要求发展，无法使章程的作用发挥到最大，从而影响了学校的正常发展。

2. 制度体系建设缺乏整体性设计

在中学的制度体系构建过程中，仍然缺乏一定的整体性设计，使得制度体系结构混乱，没有一定的规整性。一套完整的规范的制度体系可以有效地促进学校的管理以及运行。但是，据调查统计，约70%的中学制度体系运行还存在着一定的不完整性，学校的决策、执行以及监管制度仍然缺乏一定的整体性设计，如在教师的管理制度体系中，包括教师的职前培养制度、教师的聘任制度、校本教师培训制度等，还有学校的评价制度体系、队伍建设体系等并没有明确的分类以及设计标准，从而使得制度体系混乱。这样就严重影响到了学校整体的管理以及教学模式的变革，甚至会影响到教师资源的优化，从而最终影响到整个学校的教学质量。

3. 制度体系内部协调性不足

时代在变化、教育理念在变化、办学环境在变化、制度也在不断进行着修订，随之而来的问题也就不断凸显。

（1）章程与具体制度不协调

学校制度体系建设中一个不容忽视的问题是，许多具体制度先于章程制定，而后期又缺乏相应的严谨的修订，致使二者之间不协调。

（2）具体制度间的不协调

不同制度由于制定的时间、面向群体等均不相同，加之学校管理者的办学理念、管理理念、管理方法等的差异，使得学校具体制度在理念和条目之间常常存在不协调性，甚至是矛盾。

（3）制度的原则性与灵活性之间的不协调

学校在进行管理时虽然要遵循制度体系，但是要有一定的灵活性，如在招生制度方面明确要求所有学生应该公平、公正竞争，但是难免会遇到一些智力或者是身体有缺陷的学生，这时我们应该给予一些照顾还是直接拒之门外呢？以上现象在呆板的制度中没有明确的规定，这就导致了很多流言蜚语的产生，从而影响到整个学校的健康发展。

三、自主办学背景下中学制度体系建构的策略研究

1. 加强章程建设，发挥章程作用

学校的章程建设要符合四个原则：合法性、基础性、发展性与原则性，我们要加强章程建设，将学校章程的作用发挥到极致，才能更好地对学校进行全面治理。因此，我提出主要从三个方面进行章程建设，希望可以充分发挥章程的建设性作用。

（1）重视组织领导

要想加强章程建设，发挥章程的重要作用，首先要重视领导的组织作用，加强组织领导，学校要建立专门的组织来制定和落实学校的章程及制度；其次派专门的负责人进行跟进指导，督促学校各个部门进行章程建设的工作，加强对章程建设的重视程度，再次按部门全面启动章程建设，促进制度体系的完善。

（2）定期指导与交流

充分发挥章程的作用就要加强指导和交流，各个部门要对中学章程制度进行督促，在学校制定完章程以后，要定期进行各个学校的交流，保证每个学校的资源得到共享，寻找自己章程中存在的缺点，并积极进行改正。通过加强指导和交流，进行信息共享，还能更好地完善章程建设。

（3）完善监督机制

加强章程建设还要完善执行机制与监督机制，依法按照章程进行自主办学，组织相应的监督部门进行监督，并且，结合学校的各种规章制度规范学校

监督工作，完善监督机制，保证章程的作用得到充分发挥。

2. 从宏观角度整体建构制度体系

随着我国时代的不断发展，现代学校制度建设也在逐步完善，因此我们在构建学校制度体系时要从宏观角度整体考虑。根据当前我国素质教育的要求，要做到以人为本，重视学生的全面发展，促进学生德智体美劳的逐步完善。并以此为基础宏观地考虑制度建设的目标与内容，保证学校制度建设在我国的法律规定范围内进行，结合当地的特色与教育部门的要求，着力突出本校特色，制定独立的自主办学制度，保证制度建设的完整性与时代性，从而促进中学制度体系的不断发展与完善。

3. 强化制度体系内部的协调性

进行制度体系的建设时，要保证体系内部的协调性，才能更好地使制度顺利进行。首先要确定各个制度执行的目的，保证体系中所有的制度都有自己的管理条件，减少制度之间的相互冲突。在进行内容的制定时，要尽量保证不同制度内容的规范性，对不同类型的制度要进行合理分类，保证每一种制度都能够发挥到它最大的作用。除此之外，我们可以尽量地制定一些补充条例，防止一些突发状况的产生而导致制度体系的崩塌，增加整个体系的灵活程度。制定完制度体系要进行一定的试行以及监督，保证学校各个部门体系的完整性，进行学校之间的交流与讨论，对不完整的制度体系要进行补充和完善，从而减少制度体系内部的冲突。

四、结论

随着我国社会的迅速发展，学校制度建设的速度也在逐渐加快。制度体系作为自主办学的制度依据，随着改革的逐渐深入也变得越来越重要，对于提升学校整体的治理水平，建设现代化学校以及贯彻深入教育改革有着巨大的帮助，而且它也是学校管理的依据。但是当前的学校对于制度体系的构建仍然存在着这样那样的问题，如学校章程的作用无法突出、制度缺乏整体的设计以及制度内部的协调不够完善等，这些问题严重阻碍了自主办学制度体系构建的发展以及完善。面对这些困境，面对教育改革的不断深入，面对时代的不断发展，我们必须采取相关的措施完善学校的制度体系，保证学校管理有章可循，从而为我国的教育事业贡献力量。

参考文献:

［1］杨小微，李伟胜，徐冬青.“新基础教育”学校领导与管理改革指导纲要［M］.桂林：广西师范大学出版社，2009.

［2］李学红.现代学校制度建设的实践与研究［M］.上海：华东师范大学出版社，2008.

［3］金胜娟.论小学“以人为本”的教育教学管理模式的构建［J］.中国校外教育，2015（13）：24.

［4］李心红.以人为本视角下的小学教育管理模式研究［J］.新课程，2015（11）：288

以约谈为抓手推动学校工作落实

兰州市第六十四中学　王海河

约谈制度自实施以来，对推动各项工作的落实起到了积极的作用。但是，从学校管理实践来看，很多人只把它视作党建工作中常见的方法，却很少运用在行政管理中。下面，笔者从学校管理的角度，谈谈自身对运用约谈制度，推动学校工作落实的一些理解。

一、以约谈促进制度落实

不可否认的是，大多数学校在制度建设方面，已经比较成熟，但工作落实不力，往往是制度落实不够。对此，学校党政班子可抓早、抓小、抓预防，抓住学校集会的契机，经常性地开展"集体约谈"，明确制度要求，严明制度规范，教育干部、教师增强党性修养、师德修养，培养干部、教师的法治精神，教育他们要讲规矩、守纪律，告诫他们要守住底线，不越红线，不碰高压线。当然，这种约谈因其常规性，往往不能引起相关人员的重视，所以在具体实施过程中，还可以采取"逐级约谈"的方式，也就是把提升干部、教师的法治思维、规矩意识作为约谈工作的目标，由校长书记约谈班子成员，班子成员约谈中层干部，中层干部约谈基层教师，层层传导压力，层层履职尽责。同时，对重点岗位责任人，还要展开"定向约谈"，由分管领导对照被约谈人的岗位职责，定期询问被约谈人在履行主体责任落实、落实岗位职责、遵守规章制度等方面的情况，理顺关系、突出重点、强调责任、加强督查，提高约谈的震慑力，推动相关制度落地。在约谈过程中，如发现相关处室或责任人在执行制度要求时存在不足，主管领导也可以开展"跟踪约谈"，跟踪问效、跟踪问责，一抓到底，反复约谈，以确保整改措施落实到位。

二、以约谈提升干部队伍素质

保障制度落地，还要考虑另外一个问题：制度落实的效果如何？是否存在效果与初衷背道而驰的情况？民间也有说法："经是好经，可惜让歪嘴和尚给念歪了。"由此可见，执行制度的干部队伍是非常重要的。在培养干部的过程中，常态约谈也能起到积极的作用。教育干部时，可以开展"主题约谈"，可以围绕"如何做到忠诚、干净、担当"或"如何依法执教"的主题，对干部、教师开展深入的常态化的约谈，把道理讲深、讲透，激励干部、教师主动提高干事创业的本领，对党忠诚、廉洁自律、勇于任事；培养干部时，也可以由分管领导结合岗位实际开展"专题约谈"，从落实分管领域"一岗双责"的角度落实岗位职责，加强教育教学常规管理的角度，把压力传导到位，敦促干部把主体责任落细、落实，督促教师严格执行相关规定。同时，对责任意识淡薄，不作为、不敢作为的干部、教师，开展"问题约谈"，针对某一具体问题，引导和督促这些同志真抓实干，积极整改相关问题，严格履职尽责。

三、以约谈推动教风作风转变

在一个人情社会中，很多人对亲戚、朋友、熟人的人情托请，往往难以保持坚定的立场，这也是教育微腐败多发的原因之一。同时，敬业精神的缺失、职业倦怠感的增强也会对良好的教风作风产生冲击。以"常态约谈"推动教风作风转变，可以从以下三个方面着手。

1. 开展"预警式约谈"

由相关领导在开学前、节日前、提拔前等关键节点，重申廉洁从政及《新时代中小学教师职业行为十项准则》等的相关规定，明确约谈对象责任范围，并要求做出相应承诺。

2. 开展"提醒式约谈"

针对干部、教师在廉政方面、教风和作风方面出现的倾向性、苗头性问题，由主管领导督促约谈对象正确面对问题，提醒其严于律己，加强党性修养、遵从师德规范，并针对约谈对象工作实际，提出具体要求和可行性意见和建议，以达到教育、保护和挽救干部、教师的目的。

3. 开展"问诊式约谈"

针对群众反映强烈的突出问题、违反师德规定的问题，及时与相关责任领导、当事责任人等进行会诊，指出错误、点明危害、分析原因、找出解决办法，明确整改措施，限期整改。

四、以约谈密切干群关系

约谈可不局限在上级对下级的约谈，也可以通过主动调研和设立接待日、接待电话、接待信箱等方式，接受家长、教师、干部的"主动式约谈"。鼓励师生主动联系党总支或纪检检察室，对全体党员、干部、教师进行监督，对学校工作提出意见和批评，对师德师风、工作作风、教风方面存在问题的人、事进行监督投诉，对涉嫌违纪违法行为的人和事进行反映，对纪检监察工作和党风廉政建设提出意见和建议。对群众反映的意见建议，责成相关处室、责任人及时开展"复核式约谈"，在限定的时间内，将办理情况回复给诉求人，向诉求人通报整改情况、反馈整改效果，并就此征询反映人意见，以提升干部群众对学校工作的满意度。

以上为笔者结合学校工作提出的管窥之见，如有不妥之处，请批评指正。

如何提升学校办学品质

兰州市第五十五中学　蔡　斌

　　为贯彻落实党的十九大精神和全国教育大会精神，着眼于提升我市校长队伍整体素质，兰州市教育局与中国教育科学研究院联合举办"兰州市校长发展学校"高端研训班。本次研训班以"提升治校能力"为主题，采取理论学习与实地考察、集中学习与个体研究、专家授课与学员分享相结合的模式进行。在开班仪式上，南战军局长高站位地提出此次研训依托国家教育智库——中国教科院，邀请基础教育专家授课，机会来之不易，希望校长们珍惜学习机会。他要求校长们在想中学、说中学、做中学，通过学习、交流和反思，把学到的成果应用到所在学校，推动学校内涵发展。曾天山副院长在致辞中高度肯定近年来兰州市校长培训工作取得的成绩，提出校长应具备战略思维、科学思维和法治思维，并做了题为《新思想指引新征程》的精彩报告。七天的培训，我们学习了《全国教育大会精神解读》《义务教育学校管理进入规范化、科学化、标准化新时代》《努力提高中小学党建工作科学化水平》《习近平新时代中国特色社会主义思想解读》《高中课程改革新动态》等内容；也学习了《加快推进教育现代化》《学校发展规划的科学制定与有效实施》《如何创办一所优质教育学校》《漫谈校长的使命与责任》《结构·制度·文化》《优秀是怎样炼成的》等办学模式与学校文化构建方法；参观了北京八中、北京一零一中学，通过实地考察，感受名校的学校运行与文化氛围。所有的讲座理论联系实际、立意深远、主题鲜明、内容丰富，学员收获颇丰，从理论的高度找到了实践的支撑点。

一、高位引领、认真反思，提升校长治校能力

1. 要认真贯彻落实好立德树人根本任务

2018年全国教育大会最重要的理论成果是将党的十八大以来以习近平同志为核心的党中央在教育方面的一系列新理念新思想新观点，提炼概括为"九个坚持"。其中坚持把立德树人作为根本任务，就是要坚持以人为本、德育优先，始终坚持正确的政治方向，积极培育和践行社会主义核心价值观，引导学生"扣好人生的第一粒扣子"，引导学生坚定理想信念，促进学生德智体美劳全面发展，把自己的人生追求同国家发展进步与人民伟大实践紧密结合起来。

2. 做有温度的教育

夏青峰校长的主题报告《漫谈校长的责任与使命》结合他自己的成长经历，从村小学老师到乡镇学校老师、国际部负责人、集团校长，从江苏到北京，一路走来，怀着宽容、感恩、信任做有温度的教育。他在报告中说，学校应该成为教师进修和精神的家园，追求氛围宽容、精神充盈和生活如意。校长要有平民思想、导师意识、包容品格、民主作风和实干精神，善于"运作"，在做事中让师生成长，坚定地支持每个人的特长，把理想之火点燃，让心灵更为舒展。信任学生，在任何情况下，都不会放弃一个学生，都不会对学生失去信心，在内心深处，始终对学生是包容、等待与鼓励的，请给我们一段时间，让种子静默地成长。报告高屋建瓴，站位很高、立意深远、主题鲜明，让我们找准了学校管理的结合点和发力点。

3. 要给学生提供丰富的教育资源

为每个学生的个性发展提供优质的教育资源，关注和关爱全体学生，让全体学生健康成长、快乐成长。要深入贯彻落实习近平总书记在全国教育大会上提出的六个"下功夫"要求，磨炼意志，锤炼品行，健康体魄，做到五育并举，促进学生的全面发展。

4. 要不断学习反思提升校长的领导力

学校要发展、学生要发展，校长一定要发展，关键是学习再学习。北京八中王俊成校长提出的校长要成为"有理想、有境界、有才学、有能力、有发

展"的"五有"校长，这就是校长追求的目标和境界。

二、立足校情、科学谋划，提升学校办学品质

学校要全面贯彻党的教育方针，认真落实《国家中长期教育改革和发展规划纲要（2010—2020）》。本次北京高端研训，立足校情、科学谋划，提出了提升办学品质的"十大工程"，即"基层党建提升工程、师德师能提升工程、课堂改造提升工程、课程建设提升工程、德育创新提升工程、家校共育提升工程、管理能效提升工程、评价体系提升工程、文化品质提升工程、教育质量提升工程"。要以"十大工程"为抓手，全面提升教育质量，让学校更有朝气，让师生更添智慧，让校园更具美感，让教育更富创造。

1. 基层党建提升工程

以习近平新时代中国特色社会主义思想为指导，以深入学习贯彻党的十九大精神为要务，以落实全面从严治党主体责任为主线，以"党的政治建设"为统领，以规范党内政治生活为核心，以夯实党支部工作为基础，以思想建设、责任延伸、制度落实、能力提升和工作推进为重点，从组织学习、行政监督、参与管理、增强合力、示范作用、师德师风、发展党员等方面，服务全校大局，进一步发挥党组织的战斗堡垒作用，实施"党建+师德""党建+德育""党建+人才"等"党建+"载体，创新党员教师发挥先锋模范作用的新途径；创新党建工作平台和方法，构建"互联网+党建"工作新方法新举措；创新党建工作机制，积极构建责任明晰、协调推进的工作格局和督查考评机制。为全面推进教育改革发展提供坚强保障。

2. 师德师能提升工程

努力建设一支师德高尚、业务过硬、结构优化、善于合作、勇于创新、充满活力的科研型教师队伍。大力开展教育教学研究，形成个个搞教研、人人有课题的良好教科研氛围。大力培养各级各类骨干教师、学科带头人和教学能手，提升教育品质，增长教育智慧。

3. 课堂改造提升工程

努力构建灵动和谐的课堂文化，营造平等民主、和谐共处、互动合作、

自主探究的课堂氛围，赋予课堂以生命价值。其具体表现为"三声""三话""三交"。"三声"指掌声、笑声、辩论声，"三话"指自己的话、真实的话、有创建的话，"三交"指交流、交锋、交融。搭建课堂教学提升的平台，促进教师教学基本功和教学能力双提升。

4. 课程建设提升工程

全面落实课程改革方案，形成有本校特色的课程体系，优化课堂教学，提高教学质量，提升课程领导力和课程开发力，实现课程育人。一是成立课程建设中心和新高考研究小组，进行顶层设计和指导；二是组织教师学习新中考、新高考政策性文件，理解新高考实施方案、课程方案、课程标准，并贯彻落实到课堂教学中；三是组织教师对国家课程进行校本化研究，并结合国情、校情、学情编写校本课程，丰富课程内容；四是开设特色校本课程，发展学生核心素养；五是树立课程意识，围绕教育方针和办学理念进行课程开发和开设，在课程建设中丰富德育内涵，构建丰富多彩的课程体系。

5. 德育创新提升工程

以兰州市中小学德育"134"行动计划为指导，加强和改进德育工作，发挥教育、教学、科研、管理与服务的德育职能，逐步形成管理顺畅、队伍精良、方法创新、途径广泛、资源优化的德育工作局面，培养学生良好的道德品质、学习品质和行为习惯，落实立德树人，为学生幸福成长奠基。

6. 家校共育提升工程

家校共育是现代教育中一个重要组成部分。积极发挥广大家长沟通、服务、参与、管理四个方面作用，使家庭教育与学校教育、社会教育紧密配合，形成合力，积极构建家庭、学校、社会三位一体的教育体系，全面推进素质教育，培养德才兼备的社会主义事业建设者和接班人。

7. 管理能效提升工程

学校以满足学生、教师、家长、社会的共同利益为圆心，以尊重、服务为管理的价值导向，不断增加服务的广度和深度，提高服务的质量和效益，实现学校作为社会一个重要而又特殊的子系统应有的价值和意义。推进学校管理科学化、精细化、信息化和人本化，切实提高工作效率。

8. 评价体系提升工程

及时总结、完善与课程体系相匹配的教师、学生评价体系。以"质量"为轴心，构建科学评价体系。建立良好的评价导向机制，在用人、评聘、评优问题上采取"公开透明、平等竞争、择优聘任"的评聘制度。评价考核做到分层考评、点面结合、公平公正，调动教师的工作热情与积极性，有效地积聚管理评价的正能量。

9. 文化品质提升工程

继承学校优良传统，进一步弘扬和培育具有五十五中特色的学校文化，明确办学指导思想，拓宽办学思路，使学校的办学宗旨成为每个教师自觉的价值追求，加强"三风"建设，营造文化氛围，提升学校文化品质。

10. 教育质量提升工程

在教师队伍中确立"一切为了学生、为了一切学生、为了学生的一切"的教学理念。树立学生主体观，构建一种民主和谐的师生关系；树立学生发展观，将学生的发展作为教学活动的出发点和归宿。以正确的办学方向为引领，以立德树人为根本，以精细化管理为后盾，"十大工程"多措并举，围绕教育教学质量中心工作不懈怠，保持学校教育质量稳步提升。

通过这次培训，学员要结合学校实际工作认真反思、深入研究、科学谋划、精心设计，做到"心中有标、目中有人、手中有尺"，培育学校自己的特色，促进学校内涵发展，打造学校发展的品牌，为兰州市教育发展做出自己应有的努力和贡献！

提升学校办学品质的几点认识

兰州市第五十五中学　蔡　斌

2018年12月22—28日，"兰州市校长发展学校高端研训班（第二期）"在北京实验二小兰州分校举行，来自本届校长发展学校的121名学员和部分学校的副校长、中层管理人员共计200余人参加了本期培训。本次高端培训班是由中国教育科学研究院和兰州市教育局联合举办的，着眼于提升全市校长队伍整体素质，突出加快课程体系建设。南局长在开班仪式上指出，此次研训是在全国教育大会、全省教育大会召开后举办的，来之不易，意义重大。本人在研训期间聆听了11场专题讲座，讲座场场精彩，内容丰富。下面对提升办学品质谈几点认识。

一、加强师德师风建设

一个人遇到好老师是人生的幸运，一个学校拥有好老师是学校的光荣，一个民族源源不断涌现出一批又一批好老师是民族的希望。在新的历史方位下，人民群众对更好教育的需要日益增长，知识获取方式和传播方式、教和学的关系都发生了深刻变化，这些都对教师队伍能力和水平提出了新的更高的要求。加强师德师风建设，是建设政治素质过硬、业务能力精湛、育人水平高超的高素质教师队伍的重要举措。那么新时代应如何加强师德师风建设呢？

（1）教师要坚持正确的政治方向，以习近平新时代中国特色社会主义思想为指导，践行社会主义核心价值观，以身作则，做学生的榜样，引领帮助学生"扣好人生的第一粒扣子"。

（2）教师要充分认识到教师职业的伟大使命，热爱教育，热爱每个学生，关心每个学生，信任每个学生，平等尊重每个学生。

（3）教师要具有高尚的道德情操，坚持教书和育人高度统一，坚持言传和身教相统一，以德立身，以德立学，以德施教。

（4）教师要不断学习，懂教育规律和学生成长发展规律，提高自己的人文素养和专业水平，让教书育人成为毕生的事业，在学生成长中获得人生的价值，当好学生锤炼品格、学习知识、创新思维和建设祖国的引路人。

二、积极推进课程改革

学校改革发展的根本任务在于课程改革，课程改革是整个教育改革的核心。学校课程改革建设的核心理念是落实立德树人根本任务，培养高尚的道德情操、扎实的科学文化素养、健康的身心、良好的审美情趣，努力使学生具有中华文化底蕴、中国特色社会主义的共同理想、国际视野……课程在学校育人体系中具有非常重要的地位。

（1）课程是学校教育教学思想、目标、理念、知识和经验的载体和集合体。

（2）课程是学校育人目标和教育内容转化为教师和学生行为的纽带，是学校连接国家、社会和家长的桥梁。

（3）课程是学校教学活动的依据，为教学活动的开展提供规划、方案、标准和蓝图。

课程建设是一把手工程，作为校长要亲自挂帅抓落实，高质量完成"国家课程校本化实施、学校课程体系化建构和校本课程的开发使用"三大任务。积极构建"学科课程、活动课程、实践课程、社团课程、环境课程"五大课程体系，提升学校办学品质。

三、加快实施数字化校园建设

教育信息化支撑引领教育现代化发展，推动教育理念更新、模式变革、体系重构。新时代赋予了教育信息化新的使命，搭建教育资源公共服务平台和教育管理公共服务平台，实现宽带网络校校通、优质资源班班通、网络学习空间人人通，即"三通两平台"。作为学校，需要针对新问题，提出新目标，运用新手段，制定新举措。

　　教育信息化有突破时空限制、快速复制传播、呈现手段丰富的独特优势，必将成为促进教育公平、提高教育质量的有效手段。学校要努力构建网络化、数字化、智能化、个性化、终身化的教育学习平台和体系，给学生创造更多学习的机会，促进学生全面发展，这是基础教育贯彻落实党的十九大精神和全国教育大会精神，加快教育现代化和教育强国建设的历史担当和责任。

我们在路上

浅谈学校班级管理中亟待解决的几个"安全"问题

兰州市第六十中学　常志睿

长期以来，学校班级管理往往被认为就是制止学生迟到、旷课、不交作业等不符合校纪校规的行为以及按时完成学校布置的任务。这些对于大多数的班级管理者来说，是必须要做到的，也是老生常谈的；但是在班级管理过程中，有几个"安全"问题最容易被大家忽视，这些问题非常值得注意。

一、安全意识急需进一步提高

教育部部长陈宝生在全国学校安全工作会议上说，安全稳定是干好一切工作的前提和基础。由此看来，只有保障了安全，才能开展好其他工作，其他工作才显得有意义、有价值。当下的班级管理中，大多数班级管理者认为，安全是学校的事，是学校负责安全部门的事，距离自己很遥远。面对学校开展的各类安全教育、安全演练、安全自救常识的学习等安全教育活动，大都只注重形式，不注重学生对教育内容是否熟知，是否按照教育的内容去做，是否掌握逃生技巧，是否做到了演练中应注意的事项，等等。这些还处于应付、得过且过的阶段。与对待学生成绩的高低的那份认真程度相比，其对安全意识的关注相差甚远。殊不知，一个学生没有了安全的保证，其他都是空谈，这是个不争的事实。因此，作为班级管理者，我们首先自己要从内心认识到安全的重要性，认识到安全是高于一切的，是教育教学工作的重中之重，这样才能时刻重视学生的安全；其次，重视之余需要开展多元的安全教育，并督促学生将安全教育的内容付诸实践，以防患于未然，这样就可以减少或避免伤害事故的发生。

二、学生的心理健康教育课亟待全面开展

现阶段的中小学课程设置中，心理健康教育课在少部分学校里是一周一节的，但是在绝大多数学校里没有心理健康咨询室，没有配备专业心理教师，也就很少安排该课程。这是当前学校的班级管理中存在的一个潜在的安全隐患。

现代生活日益紧张和繁忙，面对升学竞争和来自社会各方面的压力，使一些学生产生心理矛盾和压抑，于是疏导学生的心理，开展健康教育会越来越重要，教育的科学性要求也会更高。但是在学校和家庭中，教师和家长远远没有认识到其对学生发展的重要性，在评价学生的健康状况时，往往只注意一些生理指标，如身高、体重、视力，忽略了一些看似是普通但其实对学生学习和适应社会带来不良影响的心理健康问题，如焦虑、自卑、多动症等。世界卫生组织提出健康是一种身体上、精神上、社会适应上的完美状态，健康包括身体健康、心理健康、社会适应良好、道德健康四个方面。按照此标准，我们每个学校、每个班级都存在着处于不健康或亚健康的学生。这就需要学校首先要投入一定的经费建设好具有专业意义的心理咨询室；其次让"专业人干专业事"，即让从事心理健康教育的专业的人员参与到班级管理之中，对于不健康或亚健康的这类学生进行摸底排查，建立档案，开设功课，定期辅导，力争让其健康学习和生活；最后，要优化心理健康教育内容，目前一些中小学开设了有关"体育与健康""生理与健康"等少数课程，但缺少心理保健方面的课程，也缺少对学生心理健康问题进行预防和矫正方面的内容，更缺少心理健康问题的心理诊断、心理咨询和心理治疗的内容。因此，学校必须充实优化心理健康教育内容。

三、任课教师的心理健康教育亟待进一步加强

教育部制定的《中小学心理健康教育指导纲要》指出，师资队伍建设

是心理健康教育的关键，要重视教师的心理健康教育工作，要关心教师的工作、学习和生活，从实际出发，采取切实可行的措施，减轻教师的精神紧张和心理压力，使他们学会心理调适、增强应对能力，有效地提高心理健康水平。

而今，面对升学率、荣誉感以及生活中产生的压力，作为人群中的一员——教师，也会产生压抑、焦虑、矛盾等复杂的情感，如果这些负面情绪得不到排解，长此以往，不仅不利于教师的发展，更主要的是严重影响学生的心理健康，甚至出现过激行为，这在班级管理中存在一定的安全风险。有专家通过个案分析指出，2/3的成人心理疾病产生于中小学时期，心理疾病的根源大多数在教师和家长。心理不健康的教师对学生身心造成的危害，在某种意义上远远超过其教学能力低下对学生学业所产生的影响。心理不健康的任课教师只会源源不断地"制造出"心理不健全的学生。任课教师的心理健康是培养的学生心理健康的必要前提。因此，我们首先要加强督促教师学习，壮大自我，提高教师心理素质，使其用科学知识调整自己的心态，有个积极乐观、平和稳定、健康向上的状态，以旺盛的精力、丰富的情感积极投身于教育事业当中。其次，要对任课教师广泛开展心理学知识培训，既可以是实地培训，也可以是网络培训，使每一位教师都掌握心理健康的基本知识，以利于他们正确对学生进行指导，并规范自己在教学中的行为，从而营造真诚平等的师生关系，促进良好心理因素的发展，只有这样才能促进学生的各种心理因素的健康发展。同时学校应将心理健康测试作为学生每年的必检项目，以及作为教师继续从事教育的一项重要内容来考查。

四、班级安全文化建设亟待构建

消除班级安全隐患，除了人防、物防、技防外，还应注重对班级安全教育氛围的营建，也就是要形成班级安全文化，通过班级安全氛围潜移默化地教育、感染、提醒师生注意安全，从而消除安全隐患，营造一个和谐安全的班级环境。对我校高中18个班级（每个年级6个班级，共计800名同学）进行了调查，对学校班主任老师、科任老师和学生进行访谈，发现班级文化建设主题主要以爱国、学雷锋、节约用水等为主，以"安全"为主的班级文化建设微乎其微，这大大降低了文化对人的熏陶和教育作用。班级安全文化建设就是体现"安全第一、以人为本、预防为主"这一原则。那如何构建班级安全文化呢？首先，发挥班级黑板报、橱窗、标语栏、信息栏的宣传教育作用，营造安全教育氛围。这些媒介的宣传作用和约束力比制度的硬约束往往更有力。其次，发挥班级安全员作用，班级安全员一定是班级里最细心、最具有安全意识、最负责的学生，在班级安全管理方面，一定是班主任的左膀右臂，其一定要做到：

（1）在思想上，要高度重视本班的安全工作，认真落实学校的各项安全管理制度，努力学习安全知识，提高为本班同学服务的安全意识。

（2）协助班主任做好安全工作，发现问题及时上报，及时调解学生之间的一般矛盾或纠纷，情况严重时要及时向老师汇报，避免群斗群殴或校园欺凌事件的发生，同时督促本班学生严格遵守学校安全常规要求，明确安全责任。

（3）调动本班学生做好安全保卫工作的积极性，充分发挥班干部的带头作用，配合学校做好本班的安全防范工作，重点做好"五防"（防火、防伤害事故、防打架斗殴、防课间做一些危险动作、防季节性流行病与传染病）"三关"（关门、关窗、关灯）工作。

（4）集体活动时，协助本班教师维护好秩序，防止发生意外事故。经常在班级内外进行安全巡查、登记、消除安全隐患、收集有关资料等工作，及时向安保处反映情况。

（5）在每周五的德育课上，利用一定的时间进行安全教育，内容除学校规定之外，以学习《安全知识手册》为主，并要有详细记载。此外，建立和完善班级安全制度，落实安全责任，形成班级安全管理制度文化。建立科学合理的安全管理制度，是班级安全文化的重要内容。学校通过制度约束，可以使师生的行为远离危险，从而确保安全。

参考文献：

王希华.教师心理素质探析［J］.中小学心理健康教育，2002（11）：4-6.

学校文化建设过程中的一些设想和探索

兰州市第六十三中学　张卫龙

学校文化是一所学校独特的精神风貌，是联系和协调一所学校所有成员行为的纽带，是学校发展的基石，是学校未来之所在。在现代学校建设的过程中，学校文化以其潜在而又巨大的教育功效早已为人们所重视。

学校文化建设是个系统工程，不少学校对学校文化建设倾注了很大热情。本人参加了第七届全国校长发展学校两期的培训。在学习过程中，听到许多专家所做的报告，也参观了杭州、合肥、兰州部分学校，特别是通过专家报告对一些学校的文化建设进行了细致的学习。本人结合市教育局对学校文化建设的要求，进行一些思考，有了一些不成熟的想法。

一、文化建设存在的误区

（1）很多教育者把学校文化建设做成加强硬件的建设，或者认为应该开展各种娱乐活动。这样的认识在学校中可能不多见，但这样的做法还是比较多见的，其原因就在于见效快，有"看头"，好交代。

（2）校训、价值观挂在墙上，教师和学生常常不知道校训的内容是什么，不知道怎么去理解它们的含义。其原因就在于学校的核心价值、校训不是出自学校文化积淀，不是出自学校办学思想，而是出自一种设计、美化的需要。而这种校训也往往没有个性，没有特点。

（3）没有提炼出学校鲜明的个性化的文化主题，只是一些景观的堆砌。

我认为，一个校园只能有一个主题，多主题等于没有主题。

（4）不惜重金聘请社会人士为其"策划""包装"。这种包装是需要的，但设计公司良莠不齐，对学校深入了解也不够。校园环境文化设计是一个新的狭窄的设计领域。它需要设计师必须研究教育，且必须有深厚的文化功底，即基本功和专业整合能力必须扎实，否则，就会导致有些设计很精美但无法实施，有些设计本身就是粗制滥造。

二、学校文化建设过程中要注意的问题

结合以上认识，笔者查阅了部分资料，认为做好学校文化建设，重点还在于观念的转变和认识的提高。文化虽然有外化的视觉存在，但更重要的是意识形态的东西，有些问题确实要注意。很多学校领导都对此有深刻的认识，在此只是做一简单归纳整理。

（1）学校文化建设是一个长期培育和积淀的过程，不能一蹴而就。

（2）在现代学校制度下的学校文化建设，要把它与学校发展的内涵和学校的根本任务紧密结合，要高度重视学生的个性发展，为学生的发展创造环境，还要重视教师素质的提高，提升学校文化建设的品位。

（3）中小学校追求"文化建设"是一件好事，说明我们的一些校长对教育的认识开始改变，渴望品尝教育的"味道"，促使基础教育向着"真质"的方向发展，但也需要在这"热火朝天"的追逐中保持一份清醒的头脑。

（4）对学校文化建设的构成要有一个清醒的认识。在建设中避免因人为认识进入怪圈循环的误区。通过对以往学习资料的整理，笔者认为，学校文化主要包含以下几方面内容。

① 以主题文化为核心的校园视觉环境文化系统。

② 以校训为核心的学校办学理念系统。

③ 以特色学校建设为导向的特色项目梳理、课程开发、课题研究系统。

④ 以师生共建、全员参与的学校活动文化系统。

⑤ 以价值观为导向的学校评价系统。

⑥ 子文化系统：校长文化与管理文化、教师文化与课程文化、学生文化

与班级文化、后勤文化等。

⑦ 形象宣传系统：校歌校赋、校报校刊、学校网站、校园广播站、校园电视台、宣传片、宣传册等文化载体。

三、学校文化建设过程的设想

由以上的认识，再结合市教育局的相关要求，笔者就学校文化建设的流程进行了初步的探索。当然，这种流程的推动，必须在学校党政领导的一致认同与支持下才能展开。因此，笔者从学校的角度出发，对文化建设的过程进行了设想。

1. 办学理念入心入脑

办学理念系统是一所学校文化建设的核心内容，应该是一个战略性的问题，要求必须具有长期性、稳定性，特别要求必须有个性，关键是要让师生认同、入脑入心。文化只能传承、发展，但不能嫁接。办学理念千万不能是校长一个人的观点。文化是人的行动，是人的特质。如果仅靠外力，仅靠校长，不能变成全校自动自发地行动，那一定是失败的。

对于没有确定核心理念的学校，必须要结合学校历史和现状进行提炼，凭空生造是不可取的。而大众化，泛泛化的词语一概而全，也会使理念失去代表性，失去独特性。因此，可以在学校开展征集活动，其具体流程如下。

第一步，整理校史，写出学校概况简介、发展方向等，印发给教师、家长代表，社会代表征求意见，收集史料，补充完善。

第二步，征集核心理念。对理念的字数、倾向提出一定的要求，广泛征集，征集的方式可以灵活多样。如果学校已经具备一些条件，可以和校歌、校徽等一并征集。如果通过媒体进行征集，对学校本身就是一种宣传。

第三步，筛选，征求意见，确定几个核心理念，发动教师讨论，找出最合适的理念，予以公布。

第四步，发动教师，就确定的理念进行讨论，提出意见，甚至围绕理念写出相应的评论、论文。

2. 教师论文、教师教学成果结集出版

（1）把学校校本研修融入学校文化之中。要引导教师对学校的办学目标、办学策略、办学制度进行讨论，这是一个很深刻的学习总结过程。通过这一过程，学校的目标、制度、策略才会被教师深刻认可，才能化为落实的动力。

要做到这一点，必须让教师真正地融入学校，把自己的思想与行为自觉纳入学校办学的轨道，成为学校发展的动力。基于这样的认识，在论文收集中，一定要注意各方面的意见和声音，行政只是起到组织和协调的作用，行政手段一旦替代了这种声音，民主的氛围削弱，就会极大地打击教师参与的积极性。

（2）对教师的师德、师术、师艺进行具有学校文化个性的针对性的锤炼。大胆寻找学校办学、教师教育教学实践中的难题，并转变成校本研修的课题，在课题的推进中来破解难题，促成教师的成长与参与。

这样做的好处在于校长相信群众的智慧和力量是无穷的，教师参与，就是贡献了智慧，贡献了力量。对学校发展来讲，教师的参与解开了难题，更具有说服力，更具有群众基础。

（3）对教师参与的成果予以结集出版，并对成果突出的予以表彰。在这一行动中，完全可以把教师教育教学成果、日常教学论文也纳入校本研修的范围，增加了研修的厚度，使文化建设和校本研修有了深厚的教育实践根基。

（4）结集出版常态化。在通过尝试结集印刷、出版的前提下，分类确定学校需要结集出版的材料及类型，确定结集周期，给教师们以明确的印象，使结集出版常态化，如工作安排（学校、年组）每年九月结集；教师论文每年一月结集；校本课程修订及编委人员变动；办学成果、教师个人成果，每年一修订；等等。

3. 出台文化建设实施方案

方案的起草，可以由学校统一组织，但还是要教师参与，或是分块、分头起草，由学校统一组织；或是学校出提纲，相关部门、年组、教师予以完善，尽量细化。

定稿后，在学校教职工代表大会上讨论通过，再予以实施，把它作为学校今后发展的方向和动力，使之成为办学的一种常态导向。切忌起草、印发了文件后，束之高阁。

4. 请专业设计公司进行文化的演绎设计

前面提到，设计公司良莠不齐，对学校深入了解也不够，因此，在选择时，必须考虑设计公司的设计能力。同时，切忌求全求精求豪华，必须紧扣学校实际，不一定花钱多就好。在经费方面，学校一定要有预算，以学校实际为准。

5. 环境文化建设

环境文化建设中最核心的是学校主题文化、学校特色及学校办学理念要相辅相成、相得益彰。主题文化往往很具象，它可能是一个人物、一句名言、一种花草、一个动物、一个故事。主题文化建设要做到三方面：一要有出处，经得起推敲，二要适合校本，三要可以很好地诠释学校特色，承载本校文化。

其实，环境文化是学校文化建设中最简单的部分。简单说就是设计加工程建设。所谓的环境育人，是让小草跳舞，石头唱歌，墙壁说话，许多学者称之为"学校文化初级阶段"，笔者比较认同。

另外，千万别指望一劳永逸，搞所谓永久性或半永久性文化设施。那只是一厢情愿。雕塑寿命长一点，但必须几年翻新一次。尤其是走廊文化，往往一年不到就陈旧了。同时，千万不要年年大兴土木，这样会导致劳民伤财。

6. 深化几个关键子项目

学校文化建设，关键在执行，如果不扎扎实实地推动实施，环境的作用只是一时的。理念系统也不可能天天背诵。制度定好了，规划有了，实质性的是深化关键的子项目，这才是文化建设的重头戏。

因此，关键子项目是学校文化建设的最为重要的组成部分，如课程设置、校本课程开发、管理制度建设、学校系列学生活动设计、教师成长设计、学业成绩评价等。

做好这些重头戏，才能使文化体现在学校日常工作中，才能使文化深入，其基本步骤和方法主要有：

（1）成立相应的组织机构。以本校有些特长的教师为主，可以吸纳专业团队介入，有效借助外力。

（2）制定工作计划。计划的制定要由相应的机构和专业人士来完成，但学校要对计划进行审核，审核同意后，就必须组织实施。其中有些项目需要给予一定的经费支持。

（3）计划整合。这是一个很重要的环节，要对各个子项目的工作计划综合进行详细的研讨，在项目、工作上避免重复，同时要把各计划纳入学校的发展综合考量，使各子项目相辅相成，浑然一体。

（4）研究相应项目的落实。这是组织机构完成的重点工作，但学校要参与考评，给予支持。项目落实应该以二至三年为一周期、学期为单元，检查落实情况，一项一项常年开展下去。

以上，是本人对学校文化建设具体过程的一些设想，这些设想参照和借鉴了一些资料，包括一些学校的具体做法，不是很全面。实际实施中，见仁见智，可以参考借鉴，希望更多学校有更多更好的做法，更绝妙的主意。

特别指出一点，那就是教师、社会要广泛参与、深度参与，学校要不断深化，持之以恒，集群众之智慧，才能真正把文化建设工作深入推进下去。

践行"和雅"文化　促进学校发展

兰州市第六十四中学　甘雨虹

我校"和雅"文化自形成以来，较好地凝聚了学校师生的共识，引领了学校工作的开展，为学校教育教学事业进步起到了积极的促进作用。但从实践层面审视，还有一些不足，需要我们进一步加以完善和提升。

一、对"和雅"文化的批判性思考

1. 对"和"和"雅"的一般性认识

从字面意思对"和雅"二字加以审视。"和"的义项主要有：协调，如和睦、和谐；平静，如和气、温和；平息争端，如讲和、议和。从这些义项来看，多表现为人的内在状态。"雅"的义项主要有：正规的、标准的，如雅正、雅言；美好的、高尚的、不粗俗的，如文雅、高雅、典雅；平素、向来，如雅爱。从这些义项来看，多体现为人的外在表现。

从这些义项中，我们不难看出，"和""雅"是人们对美好品质的赞美，一提起"和"，就让人想到和睦、和气、温和、和谐、和光同尘等；一提到"雅"，就让人想到文雅、高雅、典雅、雅致、温文尔雅等。它们表现出一种文雅优美、自足和谐的君子风度。和雅共用，通常给人的是一种自内而外的美好的感觉。作为学校文化的表述，它们很好地表现了我们对师生"完美"气质的向往和对校园文化以文化人功能的期望。

2. 在文化意识范畴内，"和雅"存在不足

从义项和人们的认知出发，我们不难看出"和雅"的不足。一是重文雅轻勇武，"和雅"给人以文弱之感，侧重于"文明其精神"，却无"野蛮其体魄"的英武之感；二是重历史传承轻国际视野，"和雅"有着学生的儒家文化的意味，满溢着对中华历史文化的传承，但却缺少对未来世界的审视，缺少开拓进取精神，缺乏跻身世界一流的规划；三是重结果轻过程，"和雅"更多的是对教育理想的表述，对教育结果的向往，但是，缺乏对育人过程的重视；四是重文化积淀轻理性思辨，"和雅"给人的第一印象，是人文学科的，缺少对理性思辨精神的追求；五是重统一要求轻个性发展，"和雅"的规范性较强，指向性较明确，给人一种统一化、规范化的感受，在个性发展方面的追求不明确，导向性不强。

二、我校对"和雅"文化提炼和育人层面的实践

我校倡导"和雅"文化，在办学过程中，也注意到了其中的不足，因此，在理论和实践层面做了很多的尝试，以期使"和雅"文化能在培养全面发展的人方面起到积极的作用。

1. 在理论层面

我们形成"偕同智性，创意发展"的校训，就是希望补足"和雅"在个性发展方面的缺失；我们倡导"启智求真、和谐发展"的办学理念，就是希望办学主体要牢记教育的目标，培养学生的综合素质；我们对校风的要求是"和而不同、雅言雅行"，期望师生能保持自我个性，积极开拓进取；教风方面，主张"和教善喻、立德树人"；学风方面注重"和学笃行、尚德善思"；育人目标上提倡"德美人和才高人雅"，这些都凝聚着培养主动、进取、自省、全面、均衡的人的追求。因此，"和"，就有了丰富而包容，鼓励多元发展的思想；"雅"，就有了广博而智慧，追求典范雅致的内涵。

2. 在实践层面

我们践行"和雅"文化的一个重要抓手，就是"三雅"教育。"三雅"教育的基本主张是：雅言——谈吐儒雅，做有涵养，追求文明阳光的中学生；

雅行——举止文雅，做有品位，追求得体雅致的中学生；雅趣——情趣高雅，做有志向，追求高尚情操的中学生。操作层面，通过学生自主管理、社会实践等多种途径，提升其综合素质，促进其核心素养的提升。

三、"和雅"文化还需与时俱进

1. 理论层面，使"和雅"文化更好地为育人目标服务

（1）要遵循教育方针

我们的教育，要始终坚持教育为社会主义现代化建设服务、为人民服务，把立德树人作为教育的根本任务，全面实施素质教育，培养德智体美劳全面发展的社会主义建设者和接班人，努力办好人民满意的教育。学校文化自然也要为党和国家的教育方针服务，要注意"和雅"文化与社会主义核心价值观之间的关系、与立德树人根本任务之间的关系、与人民对教育的期望之间的关系，通过自我完善、自我发展，矢志不渝地朝着这个方向迈进。

（2）要契合教育理念

我们要注意教育发展的方向，要主动思考"和雅"文化与核心素养、新高考改革及中考改革之间的关系，要积极引导全校上下主动挖掘"和雅"内涵，不断赋予其新的文化因子，增加其精神层面的义项，表达出我们对教育理想的追求，对育人目标的认识，对教育过程的完善。

（3）要立足校情学情

要不断研究教育环境、教育主体、服务对象的特点，要从学校办学实际出发，弄清楚学校教育的起点和目标之间的距离，发挥"和雅"文化的引领作用，引导师生立足当下，心怀未来，努力奋斗，让"和雅"文化成为渡船，把师生从教育的此岸渡向教育的彼岸。

2. 实践层面，使"三雅"教育实践更好地为学生全面发展服务

（1）"三雅"教育的实施必须以全员育人为前提

全员育人导师制是兰州教育的一项重要举措，学校要积极行动起来，既落实上级要求，也强化学校工作。各处室要加强协作，打通工作体系；教师和家长要加强交流，形成教育合力；学校和社区要加强配合，整合教育资源；学

生会和团委要加强工作，开展自主管理，进而形成全员育人的良好格局。

（2）"三雅"教育的实施必须以全时段育人为保障

我们要在管理上投入巨大的精力，积极开展内部治理改革，以制度建设、制度落实为抓手，充分发挥政教处、学生会的职能作用，加强家长学校建设，使"三雅"教育成为师生家长的共识。明确各主体责任，明确各时段要求，加强对相关人员的培训，形成校内校外、课内课外、家内家外的全时段育人体系。

（3）"三雅"教育的实施必须以全要素育人为基础

以文化艺术节、运动会、科技周、社团活动、校本课程、研究性学习、校园环境建设等活动为载体，把学校的一草一木、一砖一瓦、一条走廊、一段围墙、一堂课、一次活动都作为育人的契机，进行润物细无声地熏陶与浸润，在潜移默化中使学生成为全面发展的人。

努力引领学校发展　为教师谋幸福

兰州市第六十四中学　曾　艳

2018年9月10—11日，全国教育大会在北京召开，习近平总书记在大会上做了重要讲话，充分体现了党中央对教育工作的高度重视，凸显了教育在党和国家事业中的基础性、先导性、全局性地位。习近平总书记就教育改革发展提出了"九个坚持"，即坚持党对教育事业的全面领导、坚持把立德树人作为根本任务、坚持优先发展教育事业、坚持社会主义办学方向、坚持扎根中国大地办教育、坚持以人民为中心发展教育、坚持深化教育改革创新、坚持把服务中华民族伟大复兴作为教育的重要使命、坚持把教师队伍建设作为基础工作。

新时代赋予教师新的使命，教师要做到"三传"：传知识、传思想、传真理；"三塑"：塑灵魂、塑生命、塑新人。教育工作者要凝聚人心、完善人格、开发人力、培育人才、造福人民，要坚决克服唯升学、唯分数、唯考试、唯论文、唯帽子的"五唯"顽疾，要做"四有"好教师，培养"三有"时代新人。要把握转时态、转语态、转状态、转心态的工作方法。要建立"五张清单"，即问题清单、课题清单、政策清单、任务清单、责任清单。当前，教师的基本理念就是以育人为本，全面发展，促进公平，提高质量，和谐美丽，充满活力，依法办校、科学执教。因此，学校必须保障学生平等权益，促进学生全面发展，引领教师专业发展，提升教育教学水平，营造和谐美丽校园，建设现代学校制度。学校管理者要紧紧抓住"三条主线"：育人为本，教育公平，充分发展。坚持按照标准规范管理教育行为，要不忘初心，善始善终；要精准落地、精准推进、精准发力；要敢于担责、敢于担当。教师用真心、诚心、善心和爱心关注学生发展，要有敬业、爱业、乐业、勤业的工作状态。作为教师要做到，一要严格要求自己，不断完善自我；二要执着于教书育人；三要有热爱教育的定力，淡泊名利的坚守。要具有"六大关键能力"，即设计感，成为创意大师；故事力，做生活的策划者；交响力，发现系统和整合之美；共情力，与他人产生共鸣；娱乐感，拥有快乐的竞争力；意义感，探索人生的终极幸福。

加强新时代教师队伍建设，要将师德师风作为评价教师队伍素质的第一标准，健全师德师风建设的长效机制。制定教师教育振兴的行动计划，深化教育队伍管理机制，教育投入更多向教师倾斜，不断提高教师待遇。要大力弘扬尊重教师的社会风尚，推进普通高中多样化有特色发展，系统深化育人方式、办学模式、管理体制和保障机制的改革，着力形成充满活力，富有效率，更加开放，有利于高质量发展的教育体制机制。育新人就是立德树人，以文化人。要在坚定理念信念，厚植爱国情怀，加强品德修养，增强知识见识，培养奋斗精神，增强综合素质上下功夫。要树立健康第一的教育理念，全面加强和改进学校美育，弘扬劳动精神，培养德智体美劳全面发展的社会主义建设者和接班人。

一、转变思想，引领教师感受幸福

作为学校管理者，我们对待教师的态度应该宽容，当然也必须有底线，宽容而不纵容。人的潜力很大，校长应该实施暖心工程，要替教师着想，不能阻碍教师的发展。学校管理不是管控人，而是激发人，教师遇到困难、难事是正常的，校长不要总是坐在自己房子里等待别人敲门，要主动更多地敲别人家的门。校长要做引领教师幸福的人，教师要做助力学生幸福的人。学校应成为教师的进修学校、精神家园。学校管理要追求三个境界：氛围宽松、精神充盈、生活如意，最主要的工作就是运作。它要求教师永远以积极与热忱的态度对待生活，以欣赏和感恩的心态对待他人，以全力以赴的心态对待工作。在学生评价中多设立一个歌唱一等奖的名额，也许就会产生一个歌唱的爱好者；多把评价的尺子，就会多出一批人才。学校一定要搞清楚教师最喜欢什么，每天比规定的做多一点点，比规定的做好一点点，比规定的做早一点点，比规定的做巧一点点，让学校人人都有好身体，天天都有好心情，处处都有好环境，个个都有好发展，家家都有好希望。要变控制为服务，变抱怨为赏识，变填空为选择。教师要生活充满热忱，内心充满微笑，要胸怀开阔、诚信、正直，欣赏并关爱他人，要热爱教育，相信教育，热爱学生，相信学生。教师应该把时间还给学生，把学生发展的空间拓展出来，将学生的理想之火点燃，让学生心灵更为舒展，底蕴更为丰厚，胸怀更为宽广，给学生一个动力远比给学生知识重要得多。要做学生的知心朋友、人生导师和行为楷模。要培育学生思想飞上广阔的蓝天，双脚踩住坚实的大地，具有责任意识，勤于学习，勇于创新，感受教育和改革的乐趣，面对困难锲而不舍，面对矛盾正确解决，能不断为自己、为他人创造出发展的机会。教师首先要做到信任，只有信任学生才能不折腾，教师对待学生要多点宽容，多点约定，多点变通，多点交流，多点支持，多点促进，多点示范。

二、改善制度，引领教师体悟幸福

作为学校管理者，很多事情不是靠制度可以解决的，实质上是学校的体制造成的。好的体制配上必要的制度形成学校的文化。学校所有的重大政策，尤其是事关教职工切身利益的事都交由职代会来讨论解决。事关学生的问题，学生有参与权，由学生策划；事关学生的规划让学生参与讨论。校长要给干部、给教师、给学生赋予相应的责任、权利和义务，要让制度来撬动学校的核心价值。学校的核心价值在于学生成长，学生的成绩就是教师的业绩。教育学首先是关系学，师生关系是教师工作的着力点也是落脚点。希望管理退一步，教育进一步。师德有两个要素，一个是爱，另一个是宽容，教师要容得下学生在高中阶段易犯的错误。学校要让教师得到爱，师德的一般驱动点是被爱、成就感、安全感。有些教师并不是不优秀，而是放错了位置，所以要多反思自己的工作，自己每一次的决策，甚至与每一个教师交流的话语。

三、加强实践，引领教师创造幸福

在教育实践中可以得出，学校的管理者应该是理论和实践的结合者，是行者和悟者的统一。应对教育事业有深沉的情怀、深入的思考和真切的思悟，并且在积极认真的实践中实现和享受教育的至美价值。教育的价值在于提升人的生存能力、生活品位、生命价值，促进社会发展和人类美好。管理者要有思想、有境界、有才学、有能力、有发展，对教师不能简单地以表面看人，要看全面、看发展、追长远。不能简单地否定，要尽责显能，看潜力和可变因素，要建立坦诚、简明、和谐的人际关系。学校发展教师是根本。学校应通过教学组织活动设计等方式滋养、培育、促进、成就教师，使教师在学校中感到幸福，激发教师做正确的事。重点放在调动并发挥人的积极性、实效性和创造性上。要用美好的愿景鼓舞人心，用人文关怀温暖人心，用实实在在的作为和进步激动人心。

教育大计，教师为本。培养优秀人才，必须有优秀教师。当前发展对社会主义现代教师队伍建设提出了更高要求，也对全党全社会尊师重教提出了新的更高要求。加强党对教育工作的全面领导，不断提高教师待遇，让广大教师安心从教、热心从教，必将汇聚起教育改革发展的磅礴力量，培养大批德才兼备、担当重任的社会主义事业建设者和接班人。

第二章

领导力打造

校长的工作——成就"人"的发展

兰州市第六十四中学　摆国元

从教三十余年，担任校长也已十几年了。一直以来，我都坚定一个办学理念——校长的工作应该努力做到成就师生干部，促使他们向着更高的目标、更好的自己努力迈进。校长应当有一种甘为人梯的精神，为师生员工积极搭建平台，促进他们更好地发展。

一、用课程建设促进学生发展

面对新时代的课程改革，校长要从传统的管理者的角色中跳出来，淡化自身的权力标志，开拓进取、身体力行，做课程建设的引领者、开发者和实践者，要结合学校实际，挖掘资源，认真落实国家课程、积极推进地方课程、创新开设校本课程。

1. 加强课程建设，培育学生的家国情怀

校长要有学科意识，充分发挥语文、历史、政治等科目的学科优势，要引导相关教师不断回望中华民族的悠久历史，特别是回望中华民族站起来、富起来、强起来的奋斗史，从中挖掘知识的、文化的、精神的养分，以它们为课程资源，建构课程体系。同时，要加强学科融合意识，鼓励相关学科教师（如音乐、美术等）将本学科知识与此类资源进行有机整合，与社会主义核心价值观有机结合，开发出具有独特魅力的课程，在学生心田种下爱国、爱社会的种子，引导学生树立共产主义远大理想和中国特色社会主义共同理想，铸牢爱国

主义的根基。

2. 加强课程建设，拓展学生的世界眼光

在课程建设中，校长要有前瞻意识，要充分意识到国际间的经济、科技竞争，说到底是人才的竞争。要从为国育才的使命感出发，有身居一隅，着眼全球的格局，注重拓展学生的世界眼光。要拓宽课程视野，引导课程开发人员从国际、国内两个视角看问题，在构建课程体系时，充分考虑到课程对学生开放的心态和环球的眼光的影响，引导学生以开放的胸襟学习借鉴世界一切民族的优秀文化。同时，要加强学生能力的培养，提升国际文化素养和参与国际竞争的勇气和能力。

3. 加强课程建设，培育学生的责任担当

校长要跳出"学科"范畴和"课堂"的形态，用宏观视角审视课程建设，注意挖掘隐性课程资源，与社区、企业等建立良好联系，广泛开展有益于学生全面发展的活动课程，集全社会之力办教育，将之与志愿服务、社区劳动等有效结合，在实践中提升学生的动手能力，鼓励他们学以致用，培养他们的责任意识、担当意识。

二、用课题研究促进教师发展

校长要充分认识到课题对教师专业成长的重要意义，学会以课题为抓手，提升教师的理论水平，推动教师从经验型向科研型转变，增强其理论联系实际、科学解决教育教学问题的能力。

1. 重视培育良好的教研氛围

校长要重视制度引领，建立健全教研制度，为学校教科研工作提供制度保障。要加大课题在绩效评价、年终考核、职称晋升等方面的权重，引导教师积极开展课题研究；要加大教师培训力度，通过专家指导、专题讲座、外出培训、校本培训等途径，指导教师开展课题研究，同时注意引导教师从教育实践中，尤其是从教学困境中挖掘有价值的研究课题，着力解决教育教学工作中存在的问题，以教研推动教育教学工作的进步。

2. 注重发挥典型的带动作用

校长要注意树立典型，给他们搭建平台，在评优选先中给予政策倾斜，充分发挥典型人物的引领作用，带动教师投身教学研究。要注意教研传统的延续，通过师徒结对、"青蓝工程"等，鼓励优秀教师指导和帮助年轻教师做好课题研究，并重视对青年教师中涌现出来的教研能手进行表彰。此外，要加强教研组工作，倡导"一个教研组就是一个课题组，一名教研组长就是一名课题负责人"，发挥教研组在课题研究中的推动作用。

3. 重视课题成果的推广使用

校长要着力解决课题研究"假大空"的问题，推动课题在教育教学实践中落地生根。要做好前期教育工作，使学校教师意识到，课题研究结题仅仅是研究工作完成了一部分，更重要的工作是研究成果的推广运用。要建立机制，引导和鼓励课题成果的推广运用，杜绝课题结题后就束之高阁的现象发生。要理顺管理体系，形成"分管领导主抓攻坚、教导处组织部署、教研组推广调控、一线教师深化落实"的机制，将课题成果应用与高效课堂建设有机结合，形成具有学科特色、教师个人风格的高效课堂模式，打造专业化的教师队伍。

三、以作风建设促进干部发展

干部是学校的中坚力量，干部队伍建设关系到学校的未来。校长应以发展的眼光、豁达的胸襟来培养和管理干部，使他们为学校发展做出更大的贡献。

1. 以实干标准选拔干部

"试玉要烧三日满，辨材须待七年期。"校长要做到"知人"与"善任"，除了静态的观察之外，还应建立健全人才培养的机制，在实干中考察和选拔干部。要在民主推荐的基础上，选拔出优秀的人才作为培养对象，要积极创建干事创业的环境，搭台子、铺路子，将一些有挑战性的工作交付给培养对象，在实际工作中培养和考察他们。要加强教育引导，鼓励培养对象在实干中赢得师生群众的认可，鼓励干部群众对其各方面的表现进行监督，使那些符合党和国家标准的干部逐步走上领导岗位。

2. 以实干机制使用干部

校长要加强干部培训，在强化党性教育、廉政教育的同时，使干部形成一致的治校理念、相同的奋斗目标、廉洁高效的工作作风和符合岗位特点的工作方式。既要善于放权，也要加强监督。要充分信任干部，发挥他们的长处、优点，鼓励他们放开手脚、开拓进取、推进工作。要认真落实从严治党主体责任，通过谈心谈话、内部巡查等方式，引导干部沿着正确的方向前进。

3. 以实干精神激励干部

校长要善于通过制度措施激励干部实干担当。一方面通过考核机制，激励干部做出业绩；另一方面通过容错纠错机制，保护干部的锐气。此外，也应加强与干部的情感沟通，"诚实地表达自我，真切地倾听他人"，了解干部的需求、困惑，解决他们的困难和后顾之忧，在情感的自然流动中，消除隔阂，增进了解，共同坚强有力地推动学校工作更快更好地开展。

台湾学习考察报告

兰州市第六十四中学　摆国元

2019年6月23—6月29日，在兰州市教育局的组织下，我随队赴台湾参加了台北市文化教育交流发展协会举办的"2019年第七届两岸城市教育论坛"，其间，我们还参观了台中市部分中小学。通过参加考察交流，笔者产生了一些思考，汇总如下。

一、参观考察情况

1. 台中市立向上中学

该校林翠茹校长从三个方面介绍了学校相关情况。

（1）办学理念。该校着力建设A++的学校，培养A++的学生，注重培养学生良好的态度和积极的行动力。

（2）提倡"每个学生都应该被珍视"。主张陪伴他、给他希望、使他成为一个更好的人，认为每个学生都是独一无二的，要引导其适性发展，让他喜欢自己、做自己。

（3）学校"向上"2.0课程。施行双轨并进、多元潜能课程辅助基础课程发展，主张品德第一重荣誉、学术兼备夺胜利，以适性化、个别化、多元化创意教学，引导学生潜能再进化，在课程特色上强调术科与学科并重、传统与创新并进、实做与鉴赏并行，为生活美学铺设一条崭新的道路，激发魅力。

2. 嘉义高级中学

该校刘校长向我们介绍了学校的历史、文化建设、社团活动、教学实施、学校亮点等方面的情况。该校注重历史传承，重视文化积淀，其重视国际视野的社团活动给我们以深刻印象。学校设立剑道社、热舞社、音乐会开放社区、公益茶会、资乐社等40多个社团，对学生特长发展发挥了巨大的作用。该校十分注重与国内强校的交流，同时，与日本、韩国、新加坡的交流也较为频繁。教学方面，其扎实的实验课程、多元的选修课程和语言课程给学生以较大的空间，让学生自由发挥。该校秉持全人教育理念，为培育一流人才而努力，学生在学业成绩、社团表现、演说思辨、文学创作及艺术展演等方面，有着杰出的表现，培养出的学生在各界颇有建树。

3. 福山小学

作为一所小学，该校建成了富有学校个性的"三铁特色课程"，这一特色课程体系，以"转运站"的概念发源，结合社区特色，融入丰富议题，由认识乡土自然环境开始，搭配国际及科技教育，融入生命教育，注重对学生核心素养的培育，让学生身心得到提升。此外，学校重视校园文化建设，主张校园就是一本书，以"在地化、童趣化、创艺化、喜阅化"为设计理念，以校园文化"带领弱势孩子反转人生，引发质优孩子创想挑战"，让每个孩子都能适性发展。

4. 两岸城市教育论坛交流

此次论坛上，先后有多位大陆及台湾教育界人士就共同关注的教育议题发表了主题演讲。两岸学者围绕"传统文化及科技教育的共荣发展"这一主题展开交流，主张以传统文化为教育之基，培养人文素养，促进两岸教育资源的共用与发展，最终能为学生提供最适合的、最有品质的教育。其中，台北大学教授、111教育发展协进会理事长吴清山的专题讲座"教育111"，引起了与会同人的重视。

二、学习考察的几点启示

这次学习考察，大家零距离地感受了台湾教育发展状况，对台湾课程改革的发展、教育改革的进程有了进一步的认识，同时，台湾教育界同人的一些教育革新尝试，也给我们以启示，概括起来有以下几点。

1. 要坚定育人目标

从以上几所台湾学校的发展来看，它们有一个共同的特点，就是对育人目标的坚守。台中市向上中学建设A++的学校，培养A++的学生理念，嘉义中学的全人教育理念，福山小学适性发展的理念都是指导学校不断进取、不断发展的动力源泉，而反观大陆名校的发展历程，也同样能发现，坚守育人目标，为之不懈努力是学校能形成特色、在竞争中屹立不倒的原因。

2. 要注重"双基"培养

较之于台湾教育，大陆在基础知识和基本技能方面的培养有一定的优势，但也应看到，两岸教育界并没有因提倡素质教育而放弃了对学生基础知识、基本技能的培养。只重"双基"，会陷入填鸭式教学的泥淖，而忽视"双基"，教育会成为无源之水、无本之木。因为素质的万丈高楼，也是要有"双基"的支撑，才能拔地而起。

3. 要改进学校治理模式

从对这几所学校的考察中，我们发现这样的现象：家长充分参与学校的管理，家委会分担了学校的许多行政职能。这种方法既有利于家校共育格局的形成，也有利于学校集中精力开展教育教学活动。同时，家长深度参与学校治理，也有利于对学校的监督，使其加强自律，服务于学生的学习。

4. 要更新课程理念

（1）要处理好本土与世界的关系

学校要充分挖掘身边的课程资源，与社区、家庭形成良好的互动，共建校本课程，引导学生关心家乡，同时也要面向世界，开发提升学生国际竞争力的课程。

（2）要处理好传统与现代的关系

学校既要注重传统文化的传承，培育中国情感、中国思维，也要重视对世界眼光、科学精神的培养。

（3）处理好理论与实操的关系

学校既要培养理论探究和创新思维，也要重视实验能力和动手能力。

5. 要坚持以生为本

关注学生的长远发展，为学生的幸福生活奠基，让学生喜欢做自己，这是两岸教育人对教育工作的共识。关注学生的德行养成，也成为大家的共同追求。无论是台湾"四维八德"的培养目标，还是大陆"立德树人"的根本任务，都表现出对学生道德和品德的关注。

6. 要积极提升教师素养

在与台中市立向上中学的林校长交流时，大家对教师培养进行了深入探讨、交流。我们发现，两岸民众对于教师素养提升的关注同样迫切，我们均致力于为学生提供一个充满关爱、公平公正的良好生长环境。相较于教师的教学水平，人们往往更关注对教师师德的考量。然而，两岸在教师的考核方面均存在困惑，建立把优秀人才吸引进来、把不合格教师裁汰出去的机制，还需要我们共同努力。

7. 要加大教育投资

台湾各学校在硬件方面的差距并不是十分突出，各校图书馆、实验室、运动场馆等的建设标准也比较高，这些设施的建设，首先在教育资源方面做到了机会均等，体现了教育的公平。同时，各校在校园文化方面的投资也比较到位，学校十分重视教育环境建设和生活设施建设，形成了较好的环境育人氛围。这些都是我们应该加以借鉴和学习的。

三、对兰州教育发展的几点建议

通过此次考察，我们既看到了自身的特点和优势，也发现了一些不足，进而对兰州教育发展提出以下几点建议。

1. 加强家庭、社区、学校三位一体育人网络建设

鼓励各校根据学校实际探索建立"家长义工"机制，选择一些有能力、有精力的家长参与到学校的建设和管理中来；同时，可充分挖掘社区教育资源，将志愿服务要求落到实处，由社区组织学生，利用假期开展志愿服务活动，使学生接触社会、了解社会，进而培养学生的综合素质。此外，还可逐步敞开校门，进行内部治理改革，主动向社会开放，与社会互动，加大对学校办学行为的监督，提升社会各界对学校教育的认可。

2. 鼓励职业院校与中学合作开展课程建设

充分发挥职业院校在技术、人才等方面的优势，鼓励其在初、高中学校开设各具特色的课程，培养学生的动手能力，提升学生对人生、职业的规划水平。

3. 搭建学生交流平台

鼓励各校与相关学校结对交流，加大学校之间，尤其是学生之间的交流，开阔学生视野，增进学生之间的了解和沟通，促使学生互学互鉴，共同进步。

校长应重视三种引领力

兰州市第六十四中学　摆国元

正如陶行知先生所言："校长是一个学校的灵魂，要想评论一个学校，先要评论他的校长。"校长应是乐队的指挥，用娴熟的领导艺术，引领师生教工合奏出波澜壮阔的乐章；校长应是舰船的舵手，引领干部教师开拓出驶向远方的航道。校长是学校发展的扛旗人，是教师发展的领航灯，是学生发展的奠基石。校长要抓住学校管理的"牛鼻子"，要培养并发挥思想引领力、文化引领力和课程引领力，带领学校高质量发展，实现学生的全面发展。

一、校长要重视思想引领力

校长对学校的领导，首先应该是思想的领导，其次才是行政的领导。校长要有战略家的眼光，要深刻领会"教育要面向现代化，面向世界，面向未来"的思想内涵，在深入了解学校办学实际的基础上，以前瞻的眼光规划学校的长远发展。古语云："不谋全局者，不足以谋一域；不谋万世者，不足以谋一时。"校长要学会"不务正业"，要站高望远，多思考区域教育的方向、国家教育的前景，甚至世界教育趋势，胸怀全局、着眼未来，谋划学校工作。

校长要有教育家的情怀，要紧紧围绕"培养什么人、怎样培养人、为谁培养人"的核心问题，聚焦立德树人根本任务，以人文精神促进学生的全面发展。校长要为学生今后二十年负责，要引领干部职工按照"凝聚人心、完善人格、开发人力、培育人才、造福人民"的工作目标,在坚定理想信念上下功夫、在厚植爱国主义情怀上下功夫,在加强品德修养上下功夫,在增长知识见识上下功夫,在培养奋斗精神上下功夫,在增强综合素质上下功夫,努力构建德智体美劳全面发展的人才培养体系。

校长要成为实干家,将国家教育方针、学校育人目标、个人办学思想有机结合,落实到学校工作的方方面面。要俯下身子,将责任扛在肩上,要坚持制度为先,大力建设现代学校制度,坚持依法治校,抓好制度落实,维护制度权威,敢于"较真",敢于"亮剑",敢于碰硬。要沉下心去,把落实抓在手上,搞好工作督查,以"抓铁有痕、踏石留印"的作风,加大对工作过程、工作成效的检查,确保工作部署不松劲、不跑偏。要狠下心来,把整改提高落到实处,搞好作风整顿和执纪问责工作,对落实不力的情况,要敢于"出重拳""下猛药""动真格",使各项工作沿着正确方向前进。

二、校长要重视文化引领力

1. 校长要处理好文化与人的关系

校长要充分认识到,学校文化归根到底是人的文化,是一种课程资源,是服务于人的发展的。所以,推进学校文化建设,就是要坚持以学生为中心的思想,致力于文化为人的发展服务,在办学的过程中成全人、完善人,促进人的成长,实现人的价值。要在学校文化的凝练过程中,凝聚人心,使文化理念成为全校师生的价值导向、行为准则。校长要将文化建设和群众路线相结合,加强与干部、教师、学生、家长的沟通,建立高素质的工作团队,形成良好的办学氛围。要高度重视制度文化建设,坚持以身作则,引领作风建设,着力打造民主的、以人为本的、契合校情的管理文化,并处理好管理文化、教师文化、学生文化之间的关系,以文化来团结人、组织人,将文化因素渗透进全校师生的行为准则、群体规范等方面,引领全体师生为学校的明天而努力奋斗。

2. 校长要处理好文化传承和文化创新之间的关系

学校文化不是一成不变的,校长要引领师生传承学校文化,发扬其先进性,在推进学校发展的同时,洞察原有文化的局限性,不断开展文化创新,使学校文化保持活力，与时俱进，长久不衰。要使显性文化和隐性文化齐头并进，在营造文化氛围的同时，重点做好文化心理的建设，最终完成学校文化的深度构建。

（1）要在建设具有学校文化特色的环境、标志、仪式等方面加强工作，对这些显性文化因素要予以发扬，不断地充实其内容、丰富其内涵，根据学校发展的实际，赋予其新的意义，在潜移默化中熏陶人、感染人，使校园文化在师生员工的思维方法、价值取向引导方面起到积极的作用。

（2）要在办学愿景的实现、一训三风的落实等方面下功夫。校长要提升自身的文化管理力，要善于根据国家教育方针和科学的教育理念，定义、加强、表达学校文化理念，在其中充实新的价值和信念。同时，要加大团队建设力度，创新文化载体，理顺机制，明确权责，支持改革，重视合作，使团队在思想理念、专业素养、执行力等方面有长足的进步。

三、校长要重视课程引领力

学校的产品是课程，学校要尽可能为学生提供适合他们发展的教育，这就需要在开发课程上下功夫。

1. 校长要形成正确的课程意识

校长对课程的引领首先体现在对国家教育方针、政策和教育发展趋势的把握和理解上，体现在对国家课程标准的深刻领会上。其次，校长要加强对课程知识的学习，要在课程概念、课程开发、课程管理、课程评价等方面有深刻的认识，要形成"大课程"的理念。最后，校长还应对学校的课程开发能力心中有数，做到既了解出发点，也了解着力点；既能看清现状，也能预判未来。只有具备这些能力，校长对课程的引领才有正确的方向。

2. 校长要进行超前的课程规划

校长是学校课程开发的工程师，校长要在国家课程标准的指导下，对学校的课程体系进行合理规划。这就需要校长科学分析学校的办学历史、办学环境、办学特色等，正确认识学校现有的课程结构、内容体系、实施现状，找准学校课程中存在的问题，结合自身的学识素养、办学思想，设计学校课程开发的行动路径、实现方法，进而构建具有学校文化特色的课程体系。

3. 校长要建立课程开发的激励机制

校长的课程开发能力不在于对具体课程的开发研究，而在于对课程开发机制的建设。校长要鼓励教师按照学校整体规划，从教学实践出发，从学生需求出发，从社会需要出发，拓宽课程建设的渠道，挖掘身边的课程资源，加大课程开发力度，形成具有学校特色的课程体系。要完善奖惩机制、审核机制，引导教师有层次、有梯度、有系统地进行课程开发，避免学校课程的"零碎化""盲目化"，杜绝不符合国家教育方针和育人目标的课程出现。

4. 校长要建立课程实施的保障机制

校长要关心课程的设置和实施工作，避免课程开发后就被束之高阁，要结合学生实际，开齐、开足课程，要在人员、场地、时间等方面提供条件，让课程"活"起来，引导教师结合教学实际和学生的体验，对课程进行完善。同时，要建立多元化的课程评价体系，鼓励教师、学生、家长共同参与到课程评价中来，关注学生的学习态度、合作意识、创新精神等多方面的成长，以多种方法开展课程评价，以确保课程实效，形成长效机制。此外，校长还应加强课程资源的整合力度，减少课程开发过程中产生的人力、物力的浪费，要支持课程共享，借鉴、引进优质的课程资源，为学校教育教学发展服务。

最后，需要强调的是，校长的工作不是单打独斗，而是带领团队、建设团队。校长的引领力，其实也是班子的引领力、团队的引领力；只有发挥出团队的力量，这种引领力才能真正发挥出作用。

新时代校长应具备四种素养

兰州市第六十四中学　摆国元

习近平总书记在十九大报告中强调，中国特色社会主义进入新时代，我国社会主要矛盾已经转化为人民日益增长的美好生活需要和不平衡不充分的发展之间的矛盾。随着主要矛盾的转变，党和国家对于教育的重视程度越来越高，人民群众对于教育的期待也越来越强。校长作为教育改革落地的实践者和执行者，应以高度的责任感和使命感肩负起新时代对教育的要求，努力提升自身素养，为教育事业的进步做出自己应有的贡献。

一、贯彻全国教育大会精神——校长要有家国情怀

习近平总书记指出：教育是民族振兴、社会进步的重要基石，是功在当代、利在千秋的德政工程，对提高人民综合素质、促进人的全面发展、增强中华民族创新创造活力、实现中华民族伟大复兴具有决定性意义。教育是国之大计、党之大计。教育既要为学生人生幸福奠定基础，又要为社会的发展提供动力，更要为国家的富强、民族的复兴做好智力支撑和人才储备工作。作为学校领头雁的校长，要有家国天下的担当意识，以向党负责、向人民负责的态度，脚踏实地地做好学校教育。

另外，中国特色社会主义进入新时代，我国社会主要矛盾已经发生转化。在新时代背景下，党和人民对教育工作有了新的期待。作为校长，就更有义务肩负起新时代赋予我们的重任，以高度的责任感和使命感，把凝聚人心、

完善人格、开发人力、培育人才、造福人民作为工作目标，培养德智体美劳全面发展的社会主义建设者和接班人，加快推进教育现代化，建设教育强国，办好人民满意的教育。

为此，我们须认准"培养什么人"这一首要问题，把培养一代又一代拥护中国共产党领导和我国社会主义制度，立志为中国特色社会主义事业奋斗终身的有用人才作为教育目标，把立德树人融入教育的各个环节，贯穿于教育的各个领域，坚决克服唯分数、唯升学、唯文凭、唯论文、唯帽子的顽瘴痼疾，从根本上解决教育评价指挥棒问题，切实提高学校管理水平，向党和人民交上一份满意的答卷。

二、推进教育现代化——校长要有国际视野

早在2010年出台的《国家中长期教育改革和发展规划纲要（2010—2020年）》就已明确提出我国要从教育大国走向教育强国的目标。今天，"加快实现教育现代化"已经成为我们将要推进的中国特色社会主义伟大事业的一部分，并写进了党的十九大报告。作为校长，我们不仅要着眼于当前，更要面向世界，以国际视野来审视我们的工作，查找存在的差距，筹划学校的发展，才能为加快教育现代化建设、努力写好新时代教育发展的奋进之笔做出自己的贡献。

1. 要勇于自我革新

实现教育现代化，教育观念的现代化是关键，是灵魂。作为校长，要从世界先进理念中汲取养分，认真审视自身工作的不足，要对标现代化的要求，勇于自我革新，不断更新理念、更新方法，正确理解和领悟教育现代化的内涵，准确把握和引领教育现代化的方向，做到真正具备现代化的观念，不断推进学校的现代化发展。

2. 要勇于付诸实践

实践出真知。校长要以建成现代化学校为目标，以世界上一流的现代化学校为镜鉴，在教育实践中逐步形成现代化的办学思路，健全现代化的学校制度，丰富现代化的教育内容，更新现代化的设备和手段，总结现代化的教育方

法和管理方法，持续推进所在学校的现代化发展。

3. 要勇于开拓创新

现代化的发展目标能否实现，学校日常工作和现代化理念的融合程度是关键。这就要求校长将现代化的教育理念，创造性地整合到本校的办学行为之中，并将世界前沿研究成果渗透融合到日常教育教学管理之中。因此，校长的创新能力、对教育现代化的转化能力是加快实现教育现代化的重要保障。

三、促进学校发展——校长要有工匠精神

习近平总书记指出："要倡导精细化的工作态度，掌握情况要细，分析问题要细，制定方案要细，配套措施要细，工作落实要细。领导干部对待工作也要有'工匠精神'，善于在精细中出彩。"作为校长，也应具备这种工匠精神，只有这样，我们的教育工作才会少一些浮躁，多一些持重；少一些投机取巧，多一些脚踏实地；少一些急功近利，多一些专注持久，使我们的工作"在精细中出彩"。

1. 以工匠精神谋划学校发展

制定学校发展规划是一个系统工程，从起点分析到科学筹划，从发展目标确定到保障机制的设置，均需我们以审慎和一丝不苟的态度，认真细致地对待。只有如此，才能达到以规划应对变化、以规划促进创新、以规划创造未来之目的。

2. 以工匠精神推动工作落实

在实际工作中，从设计方案到实施方案，往往有着难以跨越的距离。要确保方案在实施中不变形、不走样、不跑偏，就需要我们以精益求精的精神，在制度保障、文化引领、队伍建设、过程管理、能力培养等方面下足功夫。

四、面对学生和学校——校长要有人文素养

学校教育的对象是人，学校的产品之一是学生的人文素养的提升，衡量一个学校合格与否的标准，应该是看它所培养出的学生人文素养的高低。因此，校长要使学生得到成长、学校得到发展，其自身就需要有深厚的人文素养。

1. 要能以读书学习提升自己

要成为"有思想、有境界、有才学、有能力、有发展"的"五有"校长，非读书不可。"读书足以怡情，足以傅彩，足以长才。""书犹药也，善读之可以医愚。"好校长必须奉行终身学习的理念，不断自我磨炼、自觉感悟、自然提高，方能在课改的大潮中、在不断进步的新时代里看清方向、厘清责任、找到支点、树立信心。

2. 要能以爱与包容成就学生

面对学生的发展，校长要改变唯分数、唯升学的陈旧观念，多点宽容，让学校成为学生可以犯错的地方；多点变通，让学校成为学生感受温暖的地方；多点交流，让学校成为学生汲取经验的地方；多点支持，让学校成为学生再次出发的地方；多点促进，让学校成为学生收获成功的地方。通过学校的教育，让学生的心灵更加舒展、胸怀更加宽广，进而促进学生的全面发展。

3. 要能以制度和文化发展学校

有人说，"三流学校的管理靠校长，二流学校的管理靠制度，一流学校的管理靠文化。"在全面依法治国的背景下，学校之间的竞争最终会是制度与文化的竞争，有了制度的健全、文化的发展，才有学校的发展、人的发展。校长在学校管理过程中，要坚持以人为本，用好制度和文化的利器，推动学校教育更快更好发展。

校长基本素质提升的三个方面

兰州市第五十五中学　蔡斌

一个好校长就是一所好学校。要办好一所学校，校长应具备的素养很多，就拿基本素质来说，至少应从道德、学识和能力三个方面予以提升。

一、道德

校长的道德水平是校长专业素养中很重要的一个内容。道德修养对于21世纪的校长来说，其重要性主要体现为德能生勇、德能创新、德能聚人、德能增效、德能立威等。

（一）校长道德的构成要素

中小学校长的道德包括很多方面，从一个人的外表到内心、从穿着到品位、从谈吐到做事、从家庭到学校等包括很多内容，但最基本的有以下几个方面。

1. 衣着得体的形象

校长的形象非常重要，他对外代表着学校，是学校形象的代言人。无论在校内还是校外，校长都需要注意自身的形象。在校内，良好的形象是教师效仿的榜样，也是领导者威严产生的关键；在校外，良好的校长个人形象对外传达着关于学校的信息，能够为学校赢得良好的口碑。校长的个人形象是学校形象的一部分，所以校长要特别注意打造个人的形象品牌。

2. 优雅得体的气质

外塑形象，内练气质。气质具有稳定性，但也可以通过打造而改变。优雅的气质给人如沐春风的感觉。作为学校的校长，尤其要注意自己的言行举止。例如，许多人在与宁夏银川一中原校长戴冰青接触的时候，都会被她优雅的气质吸引，这也是她能把这所学校办成全国课改名校的原因之一。

3. 敬业爱岗的精神

敬业爱岗是最基本的职业操守，作为一校之长，更要敬业爱岗。例如，江苏洋思中学的前任校长蔡林森就是一个典型的敬业爱岗的代表。2006年10月20日，蔡林森光荣退休后没有选择休息，而是立即加盟河南沁阳永威学校，当上了永威学校初中部校长。一上班，他就整天听课，检查教案、作业，坚持常年赛课，全年听课1000节以上，休息不足10天，把一所薄弱的民办学校塑造成了河南教育界的一张名片，确实让人敬佩他的敬业精神。

4. 务实开拓的作风

务实开拓说的是校长的工作作风，有些校长在工作中夸夸其谈、好高骛远、不切实际，这样对学校的发展有百害而无一利。这样的校长看似理想远大，实则作风浮夸，无法真正引领学校脚踏实地地向前发展。因此，校长在工作中要处理好务实和开拓的关系，既要考虑学校的实际情况，又要敢于探索创新。只有这样，学校才能逐渐走出一条有特色的发展之路。

5. 诚信有礼的品质

诚信是一种品质，是一种可以立身处世的优良品德。讲诚信、守信用，可以使一个濒临破产的企业或者没有生机的公司起死回生。同样，一个有诚信的校长，必然能赢得社会、家长和学生的信任，这样的校长才能提供优质的教育服务，打造优质的学校品牌。

6. 进取宽宏的性格

"性格决定命运"，这句话不无道理。其中，宽宏大量、积极进取当属中小学校长所应具备的首要性格。教育部校长培训中心的张俊华博士提出宽容的四种境界，讲的就是作为管理者尤其是学校的校长应该具备的宽容品质（第一种境界是海纳百川，有容乃大；第二种境界是宽柔以教，不报无道；第三种

境界是闻过则喜，闻善则拜；第四种境界是以直报怨，报怨以德）。同时，作为校长，要有上进之心，要努力学习、实践、反思，将师生的发展、学校的发展作为自己的使命。

7. 责任心强的态度

责任心指的是校长要对学校的发展负责、对教师的发展负责、对学生的成长负责。只有具有负责态度的校长，才能办出一所令社会各界满意的学校。例如有些学校借助于"责任"来开展学校的特色教育——责任育人，以此来培养学生、教师等人员的责任心，收效很好。

（二）校长道德的修养

校长道德的修养主要在于自觉自律，同时可以辅以相应的制度加以强化和约束。

1. 道德学习

校长首先要自觉地不断学习道德的知识和技能；其次，要完善校长道德学习制度；最后，不管是自律的道德学习还是他律的道德学习都要认真对待。

2. 治学严谨

治学，就是管理学校和做好学问。严谨，就是要严密谨慎。做事需三思而行，做出的决策必须在周全地思考、严密地论证、广泛地讨论下进行，切忌武断和一言堂。另外，校长对于自己的学问和科研能力，也要严格要求自己，做到规范、严谨和独创。

3. 工作务实

人大附中校长刘彭芝很推崇务实，认为"当校长，作风要务实，工作要扎实，要明事理，讲实话，办实事，求实效，立实功"。做一名务实的校长，就要深入群众，了解实情，解决实际问题，而不能会上讲得好，纸上写得妙，行动却做得少，措施不得力；做一名务实的校长，就必须改变会议上重视而实际工作忽视，或者形式上重视而内容和方法上忽视的工作态度；做一名务实的校长，就要善于运用必要的经济手段，奖励先进，满足合理的物质需求，从而调动广大职工的积极性。

4. 以诚待人

作为一名校长，一定要以诚待人，为人师表。岳飞有言："正己然后可以正物，自治然后可以治人。"校长首先要自己讲诚信，做到言到必行。如果校长都不能做到诚实守信，又有谁还会诚信待人、诚信做事呢？学校不是监狱，校长不可能完全监控每一个人的行动，要想政令畅通，就要相信部属。因此，信任中层管理者、信任教师、信任学生，成为校长以诚待人应有的也是重要的内涵。

5. 以情动人

以情动人，就是要用真实的情感来打动人。它内含以人为本、人文关怀的精神，在管理中体现为充满人情味。要达到以情动人，笔者认为应该做到：理解尊重师生，关心师生，热爱师生，宽宏大量和善于忍耐。

二、学识

我国的教育在经济全球化的影响下具有很多优势，同时也面临着多元文化的冲击和环境变化的挑战。面对紧迫的现实，中小学校长都要认识到学校教育任重而道远，而形势要求校长具备广博的学识、超前的理念和高瞻的思维。

1. 校长必须具有相应的文化水平和专业知识

作为校长，必须具有相应的文化水平和专业知识，这是最基本的要求和职业准入条件。

2. 校长必须具有先进的教育教学理论知识和办学理念

教育理论的内容十分丰富，作为校长，首先必须掌握的是教育学、教育心理学和分科教材教法这三门学科；其次，还要知道教育史、教育哲学、教育经济学、教育社会学、教育统计学、教育政策与法规、教育改革与形式等方面的知识；最后，在这些先进理论的指导下，根据学校的实际情况，能够提炼出关于学校发展的办学理念，用以指导工作和引领学校的发展。

3. 校长应具备扎实的现代管理知识

校长应掌握的一般知识包括管理的概念、本质、管理的过程与方法、古今中外管理思想及其发展，管理心理学，以及与现代管理相关的科学，如运筹

学、未来学、科学学等。了解掌握现代科学管理的技术手段，如概率论、数理统计、数值分析、计算机语言、数据库和情报检索等。

校长还应掌握其他知识，包括教育行政学、教育经济学、学校管理学、教育评价和督导学、教育经营学等。具体到学校内部又会涉及更微观的领域，如教学管理、科研管理、文化管理、师资管理、人事管理、财物后勤管理、信息管理、时间管理、学生管理、道德管理、校园管理、资产管理等。

4. 校长应该具备较强的法律知识

校长是学校的法人代表，对外代表学校。现在倡导依法治国、依法治校，校长必须懂法、知法和守法。校长需要了解的法律有《宪法》的相关章节、《教育法》《经济法》、各省市地方的教育法规等。

5. 校长应具有一定的艺术修养

一个校长具有较高的艺术修养，才能更好地管理学校，如美学。当一个校长懂审美的时候，校园的布局、房舍的建设、教室的布置等都会体现出较高的品位，给师生带来美的体验。

6. 其他知识

从某种意义上讲，校长应当是一位"杂家"，他需要掌握多方面的知识，如哲学、心理学、伦理学、经济学、人类学、社会学、历史学等。以哲学为例，对哲学的深刻认知可以帮助校长从深层次上把握学校管理和领导的本质、运行和发展等问题，揭示学校发展的内在规律。

三、能力

就校长的基础领导力而言，它包括领悟力、前瞻力、决断力、感召力、执行力和协调力等。

1. 领悟力

领悟力，即在学习的基础上领会、创造性地感悟的能力，它的核心体现为创造性地感悟。

作为一个身在教育系统内的领导者，校长要有一颗善于领悟的心。不管是进行前沿教育理论的学习，还是进行学校实践；不管是在写工作总结时，还是在和师生相处中，都要善于感知，进而提高自己的领悟力，指导学校的管理工作不断取得进步。

2. 前瞻力

前瞻力，就是看到未来的预测力和对学校发展趋势的把握力。它具体体现在确定具有前瞻性的办学思想和共同的愿景。办学思想，承载着校长对教育的追求和理想；共同愿景，是校长对学校未来发展的宏伟蓝图的勾勒。这些都要求校长具有很强的前瞻力，否则将不能引导学校可持续发展。

校长要提升前瞻力，就要：

（1）关心形势——社会、政治、经济、文化的发展形势；国外学校教育的变化情况；国内学校教育的现状及形势。

（2）预见未来——根据现状，预测未来的走向和发展。

（3）把握未来——关心形势和预见未来，是为了把握未来，在此基础上找出学校发展的新契机，确定学校发展的指导思想和办学理念，建立共同愿景，引领学校的发展。例如全国知名学校都有一年、三年、五年发展规划，就是前瞻力的具体体现。

3. 决断力

决断力，即决策判断的能力。培养决断力，主要应做到：

（1）胸怀大局，即善于把自己的工作和担负的责任放到改革发展的全局中去把握，善于抓重点、抓关键、抓主流、抓主要矛盾，推进学校整体和谐、可持续发展。

（2）审时度势，就是既要把握时代发展的特征和要求，又要敏锐地了解到社会各方面发展的趋势，善于运用联系、发展的观点来看待学校的问题和发展。

（3）见微知著，就是要保持头脑的敏锐性，增强鉴别力，善于捕捉学校发展的突破口，以小见大，以局部带动整体，以特色统领全校发展。

（4）系统思考，即指既见森林，又见树木，不会出现"碎片化"。要求校长能够敏锐地观察种种关系如何发展变化，新的关系如何形成等，系统地思考统整各种关系。

（5）当机立断，在"万事俱备，只欠决断"的时候要当机立断，但切记，要果断而不是武断。科学的决断，应该建立在民主基础上。在做出决策前要收集信息，听取民意，充分讨论，切不可只一人"拍板"。

4. 感召力

感召力，即感染和召唤的能力。人的情绪是可以感染他人的，快乐的情绪更能感染他人，带动他人一起快乐。

感召力主要来自校长的人格魅力。法国作家罗曼·罗兰说，"没有伟大的品格，就没有伟大的人，甚至没有伟大的艺术家、伟大的行动者。"对学校来说，校长的人格魅力是当好校长的关键所在，有的时候影响着学校工作的成败。校长的人格魅力是一种活力、合力和凝聚力、向心力，能产生巨大的能量，能激发广大教职工为人民的教育事业乐于奉献，并生发出事半功倍的奇效。

提升校长的感召力，重在加强其自身人格魅力的修炼。要外塑形象，内练气质。具体做到：注意形象，仪表整洁，衣着得体；谈吐优雅，表达有力；加强道德修养，以品德树人；培养良好的品质，坚强的意志，乐观的情绪，完善的性格；平等待人，公平公正，以诚待人；全心全意为师生服务，以服务感人；关爱师生，以情感人；工作务实，以业务服人；有责任心，敢于承担责任；敬业爱岗，具有奉献精神等等。校长要自觉地加强自身修养的提升，人格魅力的修炼和自我的磨砺。

5. 执行力

执行，简单地说就是实施、实行，是按照规定的和预先安排好的事项去落实。对校长来说，执行力同样非常重要。一个再好的决策，如果没有落实，那也只是一个美丽的躯壳，不会发生任何作用。作为校长，在加强执行力的时候，必须具有三种意识，即大局意识、责任意识和服务意识。

作为校长，第一要认识到执行力是一个系统的概念，并且要构建执行力的组织或系统；第二，要切实地执行学校的发展决策、规划等；第三，要提供良好的硬件和软件环境来支持目标的执行；第四，要善于协调激励领导团队、中层管理者和教职工以及学生去执行；第五，积极培育执行力文化。

6. 协调力

校长的协调力表现为一种沟通、协调和凝聚的能力，沟通和协调是手段，凝聚是目的。美国的卡耐基认为，人生事业的成功，20%靠的是知识能力，而80%靠的是人际关系。现代学校处在错综复杂的关系网络中，协调能力已成为促进学校发展的必然要求。从一定意义上讲，管理的水平就是协调的水平，领导的艺术就是协调的艺术。

在协调好人与人之间关系的同时，要协调好人与事之间的关系，致力于构建校内自我协调机制和学校与社会良性互动的机制，这是学校全体成员在一种和谐、民主、宽松和团结的人际关系中愉快工作、共同努力实现学校的办学目标的重要举措。

校长基本素质的提升，是一个长期的学习、实践、反思的过程，笔者坚信：通过本次培训班的学习再加上本人的反思和实践，肯定会有很大的收获。

第三章

3.

教育文化发展

浅谈中华传统文化及科技教育的共荣发展

兰州市第六十四中学　摆国元

当代社会，伴随着科学技术的飞速发展，科技教育异军突起，方兴未艾，引起越来越多教育界人士的关注。同时科技的进步，也对传统文化教育造成了巨大的冲击。那么，有没有办法做到既高效开展科技教育，又加强中华传统文化教育，使二者共荣发展呢？下面，笔者结合自己的办学经验和对这一问题的思考，谈谈几点看法。

一、对核心概念关系的认识

中华传统文化的载体极为丰富，礼乐射御书数、琴棋书画、医卜星相……但凡中华民族的先辈创造的文明成果，都或多或少地映射着传统文化的影子。我们所说的传统文化教育，并非是让学生把这些知识全盘接收，而是使他们能继承和发扬这些知识背后所传递出来的文化心理、道德观念和价值标准。

科技教育，从其涉及的学科而言，涵盖面极广，科学、技术、数学、工程学、生物学等几乎无所不包。而从教育的角度来看，我觉得应更多关注的是如何使学生形成创新意识、批判性思维、探究能力等科学素养。

以儒家文化为代表的中华传统文化，更多关注的是人的内心世界，对道德修养的追求更多。科技教育主要是通过对客观世界的审视、探索、研究，进行发明创造，其更重理性思维、科学素养的培育。此外，中华传统文化并不排斥理性的思考和客观的分析，科技教育相关课程也需要人文精神、道德修养的支持。同时，就目的而言，二者均是让人生活得更好、更有尊严。从这个角度来说，二者具有互补性，也就有了"共荣发展"的可能和必要。

二、中华传统文化及科技教育的共荣发展的策略

从我们现在的教育形态来看，无论什么教育，都绕不开教学者、学习者、课程这三个要素。同时，任何教育学习活动要蓬勃开展，都离不开相应的物质保障、文化支撑和环境支持。因此，要实现中华传统文化及科技教育的共荣发展，就需要做好以下几个方面的工作。

1. 培养专业人才队伍

我们要加强专业人才队伍的培养培训工作，建成一支高水平的教师队伍。要引导教师重视教、研、学三方面的工作，注重学科间的融合与渗透，提升教育教学水平。要重视教师的知识素养，提升教师的学习能力，拓展他们的知识面，使之成为某一方面的专家，拥有传统文化教育或科技教育所需的知识储备；要培育教师的教研能力，使之具备科学设计教学环节、创新运用教育资源、研究教育教学规律的能力；要提高教师的协调、组织、管理能力，使其能更好地适应学科融合教学的需要；鼓励他们拓宽思路，用科技教育的理念研究学习传统文化，借鉴传统文化的思维加强科技教育的管理和运作。这就像围棋教学，在技艺传授与棋品养成之间把握好恰当的度，就能使学生在获得知识与能力成长的基础上，在人文素养方面也得到提升。

2. 建设校本课程体系

从教育现状来看，传统文化课程体系还不够健全，还不能在"知、情、意、行"多个方面对学生进行系统培养；传统文化的教育方式、教育内容等因素的影响，也极大地迟滞了学生的学习，并不能使学生消除对传统文化的隔膜感。从学校的角度来说，应加大传统文化课程的开发力度，积极鼓励有相关特长的教师开发校本课程，逐步建立起与国家课程体系互补的课程架构。课程开发过程中，应最大限度地做到以学生为主体，认真分析学生所处的社会环境，挖掘学生身边的传统文化资源，做到校内有课程培养，校外有环境浸润，共同

培养学生对传统文化的兴趣，增强认同感，形成进一步了解、传承、发扬的心志。同时，也要利用科技教育蓬勃发展的时机，加大资金、设备、人力等方面的支持，加强宣传普及和推广工作，开设具有学校特色、本土适应性且受学生欢迎的科技教育课程。

3. 建设文化引领系统

要重视学校文化的引领作用，使学校精神文化、制度文化、物质文化共同发力，建构起既有利于传统文化传播，又有利于科技教育普及的文化氛围，引领教育教学活动向着既定的育人目标前进。"弱水三千，只取一瓢饮。"一方面，中华传统文化博大精深，在教育中无法做到面面俱到，这就要求我们以学校文化核心理念为标准，选择其中与学校、学生实际相契合的精要部分开展教学，在学生的心灵中埋下传统文化的种子，以点带面，推进传统文化教育。例如，笔者所在的学校，就提出了"和雅"文化理念，推行"雅言、雅行、雅趣"的"三雅"教育，促进学生传承传统文化，提升道德修养。另一方面，为使科技教育不致陷入盲目和杂乱无章的境地，造成教育过程的高耗和教育结果的低效，应在学校文化的引领下，有计划、有步骤地展开，以更好地实现教学目标，进而实现与传统文化的共荣，培养全面发展的人。此外，良好的文化环境可以避免为竞赛而竞赛以及忽视科技教育目的的倾向，也有利于建立更加包容开放的评价体系，激发和孕育教育创新，引导教师优化教学过程，重视学生的全面发展，进而使学校科技教育走上特色发展之路。

4. 构建环境支持体系

要积极建立家庭、学校、社会等各方面对传统文化及科技教育的支持，形成教育合力，促进二者共荣发展。从我校所处的环境为例，受应试教育的影响，家庭教育过于注重考试成绩而忽视传统文化、科技教育；学校在科技教育方面的经费不足、研究力度不够，使科技教育的发展较为滞后；教师片面追求成绩，教学手段单一，使传统文化教育畸形发展。而从社会角度来说，科技教育基地缺乏，大众对科技教育知之甚少，社会大众重视传统文化中的技能的学习，忽视对道德修养的培养，部分国学馆、私塾，甚至是专家对传统文化的异化解读等问题，都对二者的发展带来不利的影响。所以，应积极从三方面入手，构建环境支持体系。一是积极利用家长学校、教学开放日等活动，加强对家长的教育引导，提高家庭对传统文化和科技教育的认同；二是转变教育理念，改进教育教学方式，发展素质教育，培育学生核心素养；三是提供政策支持，增加资金投入，共同推动传统文化和科技教育的蓬勃发展。

以上是笔者对"中华传统文化及科技教育的共荣发展"这一主题的一些浅见，因为理论知识储备和实践经验的相对缺乏，所以难免存在不足和纰漏，不对的地方，还望批评指正。

从"立德树人"谈对育人方式改革的认识

兰州市第六十中学　李文舟

《左转》记载"太上有立德，其次有立功，其次有立言，虽久不废，此之谓三不朽"。是说最上等的是树立德行，其次是建立功业，最后是创立学说。即使过了很久也不会被废弃，这就叫作不朽。的确，时至今日，党的十八大报告也指出，"把立德树人作为教育的根本任务，培养德智体美全面发展的社会主义建设者和接班人"，同时也将"立德树人"首次确立为教育的根本任务。可见，树人必先立德，立德是树人的前提与核心。

立德树人是我们党对"为谁培养人、培养什么人、怎样培养人"这个教育根本问题的时代性回答。围绕立德树人的根本任务来探索育人方式改革，是当前和今后普通高中发展必须面对的课题。回首四十年教学一线的奔波，我深深地感到育人方式改革势在必行。

一、育人方式改革是顺应新时代德育体系的需求

中共中央办公厅、国务院办公厅印发的《关于深化教育体制机制改革的意见》提出了要构建以社会主义核心价值观为引领的大中小幼一体化德育体系，要求针对不同年龄段学生，科学定位德育目标，合理设计德育内容、途径、方法，使德育层层深入、有机衔接，推进社会主义核心价值观内化于心、外化于行。这就需要改革单一的传统的育人方式，取而代之的是多元的新型的育人方式，使其充分为"树人先立德"这一育人理念服务。为践行这一德育体

系，我们在每学期全校范围开展以下内容。

1. 理想信念教育

苏轼言："古之立大事者，不唯有超世之才，亦必有坚忍不拔之志。"通过理想信念教育，来确立学生个人发展的灵魂和方向。例如新生入学后，通过理想信念教育，让学生确定三年奋斗的理想大学以及座右铭，并将该大学照片和座右铭粘贴在课桌上，催促自己积极向上。同时，引导他们树立中国特色社会主义共同理想，为实现中华民族伟大复兴贡献自己的力量。

2. 以爱国主义为核心的民族精神教育

就社会主义核心价值观层面而言，爱国居于首位。拿破仑说："人类最高的道德标准是什么？那就是爱国之心。"爱国是学校德育一以贯之的教育。我们通过开展纪录片展示、主题班会、演讲比赛、手抄报比赛、征文比赛等多种形式，使爱国之苗深深地扎根于每个学生的心中，从而增强学生的民族自豪感。

3. 道德教育

教育的宗旨就是使人向善。学校教育就是培养学生良好的行为习惯，从小树立社会责任意识，热爱集体、关心社会。我们通过观看"全国道德模范"先进事迹纪录片，学习"兰州好人"、"兰州新时代好少年"先进事迹，并请其中的代表进校进行宣讲，引导学生养成良好的道德品质，为新时代争做贡献。

4. 法制教育

"不以规矩，不能成方圆。"法治教育必须常抓不懈，它是德育的重要内容。学校通过聘请法制副校长、社区民警交警进校园活动，着力培养学生的法治意识和法治思维，培养学生成为遵纪守法的良好公民。

总之，育人方式的变革，有助于将社会主义核心价值观体系融入一系列的育人活动中，有助于培育学生德行，从而能更好地践行"立德才能树人"的教育理念。

二、育人方式改革是转变教师教育理念的主要途径

每一位学科教师，同时也是德育工作者。这是育人方式改革对每位学科

教师的要求。然而，在现实的教育实践中，很多教师认为德育工作是班主任和德育处的事，自己只负责教好学生的科学文化知识，能考出好成绩，上个好大学就圆满完成任务。殊不知"国无德不兴，人无德不立"。可见，德之可贵。而今，育人方式改革大大促进了我们教师观念转变，人人都是德育工作者，都应从不同学科不同角度，通过教学，不仅培养学生爱国热忱，还要培养学生高尚的思想和道德情操。在实践上，要改变重智育、轻德育的做法，要真正做到能力培养、德育工作一齐抓，牢固树立"不求人人升学，但求人人成才"的思想，把坚定正确的政治方向放在第一位。只有改变教书不育人的观念，才能自觉地在学科教学中进行德育渗透。为了完成这一思想转变，我们结合校情、学情，从制度上加以规范，同时针对学科教学中的知识、能力以及德育方面的要求，正在着手研究一套目标体系及评估体系。这样，本学科在日常教学中怎样渗透德育便可有所遵循，学校工作、教师的教学工作的考核和评价也就有了依据。

三、育人方式改革是全面提高中学生素质的必然要求

党的教育方针明确指出"全面实施素质教育，培养德智体美全面发展的社会主义建设者和接班人"。其中"全面实施""全面发展"旨在全面提高中学生素质，育人方式的改革正是顺应了这一要求。

（1）育人方式的改革，要求我们不仅要传授知识技能，更要凭借良好的价值观、德行来感染、影响、教育学生，从而全面提高中学生素质。而全面提高中学生素质，首先应从立德开始。陶行知说："因为道德是做人的根本。根本一坏，纵然使你有一些学问和本领，也无甚用处。"如今，我校开展"全员育人"活动，正是为全面提高中学生素质，进行育人方式的改革的成果之一。在这项活动中，我们将"对学生进行思想政治教育和道德品质教育，培养良好的道德和心理品质，帮助他们养成良好的行为习惯，争做遵纪守法，明礼诚信的好学生"作为育人的首要任务来抓。因为只有这样，我们才能培养出有用的人。同样在学生综合素质评价中将"思想品德"作为其中最为重要的方面进行考核。

（2）育人方式的改革，能更有效地落实立德树人、全面提高中学生素质这一要求。育人方式的改革，就是为了培养更全面的社会主义建设者和接班人，然而，这必须建立在以立德为先的基础之上。兰州六十中正在不断推进以德育为先育人方式改革，力争摸索出符合自身发展的路径，为兰州教育贡献自己的绵薄之力。

教师交流与教育均衡发展的一些浅层思考

兰州市第六十三中学　张卫龙

2010年7月，《国家中长期教育改革和发展规划纲要（2010—2020）》颁布实施，首次明确提出"均衡发展是义务教育的战略性任务"，也有力说明了义务教育均衡发展是"国家战略"。这一高度和重要性，也是全国教育界的一种共识。正因为这种共识，使均衡发展成为当前教育发展的关键词，成为当前教育改革的潮流。

围绕这一战略，全国各地都纷纷总结自己的做法，也提出了许多新的举措。而在许多新举措、新做法中，教师交流成为基层学校教师们热议的一个话题。笔者结合兰州市的做法，提出一些浅层的思考。

一、兰州举措

2011年6月30日，兰州市启动实施《兰州市义务教育区域均衡"一体化办学"试点工作方案（试行）》，确定城市四区15所学校率先试点探索和建立义务教育"一体化办学"。其范围覆盖城市四区，旨在通过各成员校资源共享、师资源互派、统一教学及捆绑考核，达到缩小区域内校际间差距，促进薄弱校发展，推进义务教育均衡发展，进而全面提升全市教育教学质量；同时有效缓解"择校热"，并解决"大班额"等教育难题。其运行模式分为联校办学、联片办学、集团化办学三种。

2013年，兰州市政府印发了《兰州市推进县域义务教育均衡发展规划

（2013—2020年）》，确定了五项工作任务：一是优化教育资源配置，促进办学条件基本均衡；二是加强教师队伍建设，促进师资力量基本均衡；三是完善经费保障机制，促进经费投入基本均衡；四是提高教育质量，促进办学水平基本均衡；五是关注弱势群体，促进教育机会基本均衡。

2013年上半年，兰州市"千进八百互动"活动全面启动，是教师交流与加大培训力度的集中体现，主要指选派1000名农村教师分批赴市区优质学校进行集中培训、百名城市教师顶岗支教、百名农村教师跟班培训、百名校长教师赴外挂职交流培训、邀请百名教育专家来兰讲座培训等。

一系列大手笔的动作促使广大教师对自身的学习提高进行重新的认识和定位，兰州教育的一盘棋活了。

二、国内教师交流动向

中国教育科学研究院专家曾指出，均衡发展两手都要抓，两手都要硬，结合浙江宁波北仑模式，对均衡发展给予新的阐释，其亮点在于办好每一所学校，开好每一门课程，造就每一个学生，成就每一位老师。同时，促进教师在城乡中小学的合理流动。

教育大省江苏省要求全省首批13个义务教育优质均衡改革发展示范区，每年流动15％以上的专任教师和15％以上的骨干教师。一些地市也推出许多教师交流方面的举措，促进区域内师资水平提升。苏州市自2010年10月出台《关于加快实现城乡教育一体化、现代化的意见》以来，各市、区政府（管委会）全面形成了"以县为主，城乡一体"的教育管理体制。苏州市推行的城乡学校教师轮岗制度改变了传统意义上的短期交流模式，实现了实际的交流任职。交流任职的教师在一定的任职期结束后，不再属于某一个学校，而是由县里统一安排工作。无锡市推动教师轮岗交流，对骨干教师配置严重不足学校，通过交流、培养、引进等方式着力加强。淮安市实施"三百工程"，每年安排200多所各类示范学校和相对薄弱学校结对帮扶，300多名优质学校教师被下派到薄弱学校支教，100多名薄弱学校骨干教师到示范学校进修。

2013年初，重庆重点中小学的部分优秀教师将登上普通学校包括乡村学校的讲台，教学基础较薄弱学校的教师也有机会来到优势学校交流锻炼。该市规定，凡晋升为中学高级教师职务的城市学校教师，5年内应分期分批到农村学校挂职任教，否则不予以聘任；城市中小学特级教师评选、中学高级教师职务评聘、骨干教师和学科带头人评选、市级以上优秀教师和优秀教育工作者评选，必须有在农村中小学工作1年以上的经历。

山西晋中市从2008年初开始，就着手研究制定适合当地情况的《晋中市中小学教师队伍管理办法》，明确提出在全市实行中小学干部、教师交流制度，由校长交流带动教师交流，由"人走关系留"向"人走关系动"过渡，由同区域向跨区域交流和城区向农村交流。教师的交流由县（区、市）教育行政部门组织实施，比例为全县（区、市）专任教师总数的15%，不能低于10%。此外，在条件成熟的县（区、市）将人员交流和人事关系调整同步进行，实现"人走关系动"。为了进一步推动干部教师交流，对有交流经历的干部、教师在申报晋升高一级教师专业技术职称、评选特级教师等方面给予政策优惠。

以上只是列举了个别城市的例子，实际上，教师交流在全国，包括新疆等地区，都已经开展起来了。

三、教师交流的好处

（1）从短期看，可以优化资源配置，缩小城乡、校际之间的师资差距，促进教育均衡发展。

（2）从长远看，可以缩小校际差距，从而缓解"择校热"。

（3）城乡教师交流是促进教育教学、教育科研改革的一项重要举措，有利于提高教师的综合能力，能够促进教师的专业发展。

（4）有利于教师、校际之间相互取长补短，特别是对于教育教学、教研教改工作的推进，起到不可估量的重要作用。

四、教师交流存在的问题

城乡教师交流制度主要是政府有关部门根据国内外相关经验提出的，之前并没有进行过大范围的论证和意见征询。在实践中形成了"支教式"的教师交流制度，存在着多方面不足。

（1）"支教式"教师交流制度自身不仅交流程序不规范，缺乏完善的调研机制和信息沟通机制，而且管理机制和绩效考核机制也不够完善，导致该制度在实施过程中出现不少问题，实效性降低。

（2）教师交流对农村学校更有利，因为农村学校通过这种制度可以获得优质师资，而城镇学校将在一段时间内失去这部分人力资本，增加不少经费，而且编制被占、无法引入新教师，因此城镇学校难免产生不满。

（3）从受援学校角度看，受援学校希望通过此项制度为本校引入"留得住，用得上"的优质师资。但是实效并非如此。一年的支教时间除去教师的适应期和离开前的调整期，真正用在教学上的时间是很有限的，然后又得换另外一批支教教师。这样循环往复，非但不能达到预期目的，反而可能会影响原有的教学秩序，影响支教学校的教学质量。

（4）从支教教师角度看，自身利益是他们考虑的重要内容。一些教师认为他们的利益会因参与教师交流而受损，因而持抵制态度，有些城镇教师"以支教之虚、谋晋升之实"，而将帮助农村教育提高质量作为次要目的。它会造成教师交流制度的异化，使其失去应有的作用，甚至产生负面影响。

（5）安排轮岗时校领导"本位主义"造成的弊端也影响了这一政策效果的实现。为了保住好教师，学校往往让一些业务水平相对薄弱的教师出来交流。

五、解决问题的设想

（1）深入开展教师交流理论学习。教育部门和学校领导、教师等教育工作者要加强对"支教式"教师交流的理论学习，明确教师交流的重要性和重大意义，使他们能够积极配合教师交流制的推行。

（2）加大宣传力度，获得社会舆论的支持。教育部门应通过宣传促使社会大众充分了解教师交流对于逐步改善城乡师资配置失衡状况，实现城乡教育均衡发展，进而实现教育公平和维护社会公平的重要意义，从而培养深厚的民意基础。

（3）规范教师支教程序。教育部门要建立起规范的支教程序，以确保教师交流的顺利进行。

（4）建立教师支教的调研机制和信息交流机制。教育部门必须根据本地实际情况制定完善、可行的调研计划，指定专门的调研人员或与有关学者合作对本地各学校师资配置情况进行全面调研，为教师交流工作奠定坚实的基础。在充分调研的基础上，建立起信息交流机制，通过建立支教教师数据库，为学校和教师提供信息交流平台，同时也为各方提供教师支教情况交流和反馈平台。

（5）改革和完善管理机制。建立教育部门、受援和支援学校三方共管、各司其职的管理机制。在管理上，支援学校与教育部门应负主要责任，受援学校应积极配合，共同做好支教教师的管理工作。受援学校、支援学校和教育部门要及时交流管理中出现的问题，共同协商解决问题的办法。

（6）规范和强化绩效考核机制。教育部门要进一步规范支教教师绩效考核制度，考核标准以受援学校教师的教学和学生的学习改善状况为主要依据，同时明确划分考核等级及相应的工作要求。

雅而有致　构建和谐

——兰州六十四中"三雅"教育案例

兰州市第六十四中学　李存炯　甘雨虹

　　为落实党的十八大确立的"立德树人"教育根本任务，以教育部颁发的《中小学德育指南》《中小学生守则（2015年修订）》和《中学生日常行为规范》为依据，围绕中国学生发展核心素养，结合兰州市德育"134"行动计划和学校实际，出于细化学生行为规范，实现实践育人的规划，我校于2016年开始实行"三雅"（雅言、雅行、雅趣）教育，德育工作在创新的基础上顺应了时代要求。

一、实施背景

1. 时代背景

　　2016年9月，中国学生发展核心素养总体框架正式发布。它以培养"全面发展的人"为核心，现已进入正式颁布的倒计时阶段。学校作为落实国家教育方针政策的主阵地，落实的途径可涉及学校教育的各个层面，但德育工作目标的达成需要德育部门和德育工作队伍结合时代特点推陈出新，力求取得理想的教育效果，"三雅"教育作为细化学生行为规范、落实核心素养的内容有其时代必要性。

2. 学校文化背景

　　"三雅"教育是与我校的"和雅"学校文化一脉相承的，总体来说是

"纲"和"目"的关系,是主干与分支的关系,它是对和雅文化的继承和发展。我校在"和雅"文化的统领下,确立了"德美人和,才高人雅"的育人目标。如何体现并达成"雅"的目标,"三雅"教育提出的雅言、雅行、雅趣就是对"雅"的追求,就是实现"雅"的途径和抓手。

3. 学校德育背景

"三雅"教育的提出与我校的德育实践存在必然联系。2006年4月,为积极贯彻落实"八荣八耻"社会主义荣辱观,我校推出了"雅行管理"活动,活动组织严密,落实得力,收到了很好的效果并引起了兄弟学校和兰州市教育局的关注与肯定。随后于2006年12月,该活动被兰州市教育局收入《兰州市优秀德育案例选编》一书中。在此基础上,我们结合时代特点推出"三雅"教育并赋予它更加丰富的内容,打造出了我们德育工作的特色和亮点。

二、主要目标

1. 预期成果

"三雅"教育使新时代的中学生具有规范的言行、阳光的心态和远大的志向,对培育敢于追梦,善于筑梦,做有信念、有梦想、有奋斗、有作为的一代新人起到很好的促进作用。

(1)雅言:谈吐儒雅,做有涵养、追求文明阳光的中学生。

(2)雅行:举止文雅,做有品位、追求得体雅致的中学生。

(3)雅趣:情趣高雅,做有志向、追求高尚情操的中学生。

我们推行的"雅言"高于"言","雅行"高于"行","雅趣"高于"趣",也就是说,这里的言、行、趣既有日常意义更高于日常意义,即"青出于蓝而胜于蓝"。

2. "核心素养"目标的达成

"三雅"教育涵盖的行为习惯养成使学生具有一定的人文底蕴,进而外化为言谈举止得体大方,温文尔雅;活动参与使学生具有快乐体验,感受个人和集体的作用与力量,从而使学生逐步树立责任担当和实践创新的意识与能力。在习惯养成和活动参与过程中,学生实现自主发展,学会学习和健康生活。在三者中习惯养成是基础，活动参与是途径，获得自主发展是目标，这就是"授人以渔"，使学生获得持续发展的能力（具体见"三雅"教育与核心素养关系图）。

三、总体情况

学校在充分调查研究的基础上于2015年底制定出台了《兰州六十四中德育工作创建三年规划（2015—2017年）》（以下简称《规划》），推行"三雅"教育德育特色工作。

该项工作的落实具体由政教处牵头，其他处室部门配合进行，总体来看运行平稳，收到了较为明显的效果。全体师生对以我校"和雅"学校文化为基础开展的"三雅"教育工作表示强烈认同与支持，在重点落实"雅言、雅行、雅趣"的工作中，学生的精神风貌得到了改善，与此同时也使学校的"和雅"学校文化进一步入脑入心，校园的文明和谐程度得到了进一步的提升。

2017年1月，学校举办了"润物无声，立德树人——实行'三雅'教育，深化班级管理"的德育工作论坛。在论坛上，班主任从操作层面畅谈了对学校实行"三雅"教育的认识体会和意见建议，为深入推行"三雅"教育在思想上进行了再认识，为"三雅"教育的进一步安排部署做好了准备。在此之后经过一年多的实践，为总结反思实践成果，学校于2018年5月在学生和班主任两个层面进行了调研，为完善和推进"三雅"教育做好了铺垫工作。

四、实施途径与内容

1. 实施途径

（1）志愿者日常巡查。

（2）政教处集中检查。

（3）值周生检查。

（4）班主任督查。

（5）学生集体晨训小结。

（6）召开表彰暨推进大会。

（7）过程性资料检查收集。

2. 实施内容

（1）雅言。

①与人交流用普通话，语言得体幽默风趣。

②语言文明，以礼相待，无粗言俗语。

③遇到来宾、师长要主动问候，同学间的问候要以微笑、点头或招手等方式还礼。

④楼道、教室和其他公共场所不大声喧哗，不在楼内进行球类活动和嬉戏打闹。

（2）雅行。

①垃圾归类投放，不乱扔废弃物，不随地吐痰，不乱刻乱画。

②升旗、做操和集会要按照疏散路线快速有序、听从指挥、整齐到位。

③自行车在校内必须推行并停放在指定位置。

④在马路上按照交通规则行走，不占道、不越线、不嬉闹，骑自行车不带人。

⑤学生干部对分内之事要自觉高效完成。

⑥按照班级、年级和学校的安排积极参加各类活动。

（3）雅趣。

①积极参加学校学生社团活动。

②积极参加校内外的志愿服务活动。

③积极参加校内外组织的科技文化创新活动。

④不抽烟、不酗酒、不寻衅滋事、不做违法乱纪的事。

⑤进入校园应穿着校服，不涂画校服，不留怪异发型，不化妆，不佩戴首饰，仪态端庄雅致。

⑥多读书，养成每天阅读书籍的习惯；读好书，增强人文底蕴，培养远大理想与抱负。

⑦合理使用网络，以之辅助学习和了解社会发展变化信息，不沉迷网络游戏，远离有害信息，提升网络文明素养。

⑨ 诚实守信，不撒谎欺骗，诚信考试，以诚待人。

⑩ 养成良好环境卫生习惯，爱护自然环境，自觉维护校内外环境卫生清洁。

⑪ 积极开展主题团（队）会，自觉接受并参与理想信念教育、社会主义核心价值观教育、中华优秀传统文化教育、生态文明教育和心理健康教育等活动。

五、主要做法与成效

1. 完善配套制度，为推进"三雅"教育工作发挥了保障作用

（1）修订《兰州六十四中班主任津贴发放考核细则》（以下简称《细则》）于2016年3月24日获职代会通过并执行，《细则》把已不适合当前学生管理的内容删除，侧重学生日常管理的内容及赋分权重，在惩的同时加大了奖的范围和力度，在执行力上重点抓好细节的落实、记录和兑现，拉开了班主任津贴的差距，并将每月的考核结果进行校内公布。以上措施疏通了对"三雅"教育负有主要落实责任的主体关，对促进班主任推进"三雅"教育的主动性和积极性发挥了重要作用。

（2）对学生值周制度进行改革尝试，在研究讨论的基础上修订《学生值周制度》，强化学生在"三雅"教育中的自我教育作用。把原来由班级值周改为由年级值周，革除班级值周学生在行为习惯、卫生纪律等方面打分把握能力差异较大、执行不公的弊端。从年级抽取团员干部和富有责任心的同学担任值周工作任务，发挥了其执行力、形象力强和便于统一培训、队伍相对稳定的优势。这种改革从一定程度上为解决班级考核的公平公正和提高值周考核公信力发挥了积极作用。

2. 开展专项整治活动，为"三雅"教育工作开新篇

（1）针对语言文明和卫生习惯开展专项整治。2016年4月，学校针对学生文明用语、卫生习惯等方面存在的问题，开展了"清洁校园"行动，征集校园文明用语、教室卫生检查评比，参与环境卫生清洁并现场总结、谈心得、讲体会，改变不良卫生习惯。学校借助微信平台评选出2016年首届兰州六十四中

16名"和雅之子"和31名"清洁使者"并专门召开了"清洁校园"行动全校总结暨表彰大会,为贯彻"三雅"教育、创造文明校园、树立榜样、传递"正能量"奠定了基础。2017年7月和2018年6月分别评选出第二届、第三届"和雅之子"与"清洁使者"并表彰宣传。

(2)针对学生着装和仪容仪表进行全面整治。对学生校服乱涂乱画的问题持续进行检查通报,对不能清除涂画痕迹的服装进行更换;仪容仪表检查中存在怪异发型、佩戴首饰的全部限期整改,利用展板公布了男女生标准着装和发型照,以便学生参照。目前,学生入校一律穿着干净整洁的校服,仪容仪表规范,展现了中学生应有的精神风貌,体现了"雅"的要求。

(3)针对集会、做操的纪律和队形问题进行专项整治。从队伍的队形设计、值周生的检查落实、班主任作用的发挥、违纪学生的处理等几个方面多管齐下进行整治,解决了集会纪律松弛、做操队伍散乱的问题。

(4)集中整治学生吸烟问题。学生吸烟既不雅也不利于学生的健康,经过摸排,学校准确掌握学生吸烟的动机,集中的时间、地点,采取教育转化与纪律处分相结合和人防与技防相结合的方法,通过全校通报和警示教育,讲清吸烟的危害,引导学生摒弃追求刺激、炫酷攀比的心理,树立健康向上、追求高雅情趣的观念。通过以上措施,学生在校内吸烟的情况大为减少。

(5)着力抓好秋季起始年级的入学教育。政教处专门安排了初一、高一年级的入学教育大会,对照《中小学生守则(2015年修订)》(以下简称《守则》)和《中学生日常行为规范》(以下简称《规范》)与"三雅"教育要求,讲清楚哪些宜做宜行,哪些会违规违纪,对新生立规矩、提要求;对新生进行《守则》和《规范》的闭卷测试,不合格的组织补测,要求各班学习"三雅"教育的内容和《兰州六十四中班主任津贴发放考核细则》的内容,强化学生的规则意识,为今后几年的中学生活开好头、迈好步。

3. 以班级文化建设为契机,渗透"三雅"教育内容

全校各班围绕学校"和雅"文化体系,结合"三雅"教育内容制定班训、班规,渗透"三雅"教育内容,制作班级文化宣传栏,使"和雅"文化和"三雅"教育工作内化于心,外化于行。

4. 主题班会为推行"三雅"教育做铺垫

学校根据工作实际，安排各年级结合全国文明城市创建和文明校园创建，召开"文明守纪，做和雅之子""你我同行，共创文明——践行雅言、雅行、雅趣"和"文明礼仪我先行"等主题班会课。

5. 以晨训和重要活动为契机渗透"三雅"教育

学校安排每周二大课间进行晨训，其中结合"三雅"教育的问题进行小结就是其中的一个方面。学期末举行"三雅"教育表彰暨推进大会、在学校文化艺术节等大型活动中倡导学生追求高雅、品味高雅，培养学生追求高雅志趣的信念。

六、条件保障

1. 学校层面

学校领导支持，在领导干部会议上要求全力推行并要求全体教职员工在"三雅"教育中为学生做出表率。

2. 班主任层面

班主任把"三雅"教育的实施提到落实"立德树人"目标、践行社会主义核心价值观和发展学生核心素养的高度来认识，通过"三雅"教育的实施，我校学生的精神面貌和校风校纪得到根本转变，学生教育管理水平和管理特色得以提升和显现。

3. 学生层面

发挥团委、学生会的组织优势，统筹调动团员干部的示范带头作用和组织学生志愿者进行监督检查，同时表彰宣传"和雅之子"的先进事迹，发挥榜样模范示范作用。

4. 制度层面

修订《兰州六十四中班主任津贴发放考核细则》，将"三雅"教育的落实情况纳入班级管理考核。

七、存在的不足与解决的办法

1. 存在的不足

（1）学生值周的责任意识不够

尽管学校对学生值周的运行机制进行了改革，但运行的效果并不明显，发挥的作用也较为有限，与学校所期望的学生自我教育与教育他人相结合有较大差距。究其原因，主要是学生的责任意识不强。

（2）全员育人的氛围不浓，力度不足

"三雅"教育经过实践检验是具有可行性、实效性的。全员育人、全校推进应该是包括全体德育工作者在内的所有教职员工的职责，但目前的情况是非德育工作者对"三雅"教育的推进关注度不高，力度不足，表率作用发挥不够，原因在于全体教职工对于国家"育人为本，德育为先"的教育方针没有理解到位，重智育轻德育的应试教育观念没有得到改变。

2. 解决的办法

（1）对学生责任心的培育，要在树立榜样引领的同时还要加强检查监督，严格规章制度落实，惩戒和约束由于缺乏责任心而造成不良结果的同学，以培育和提高他们的责任心。

（2）对全员育人氛围的营造，在目前的教育体制下，要从学校层面对全体教职工进行教育，让更多的人认识到缺失了德育的教育，是对学生本身的损害，是有悖于核心素养要求的，是对教育初衷"以德为先""育人为本"的背离，脱离了德育的教还不如不教；要唤醒全体教职工全员育人的自觉意识，把德育工作渗透在日常，穿插在课堂。

附：

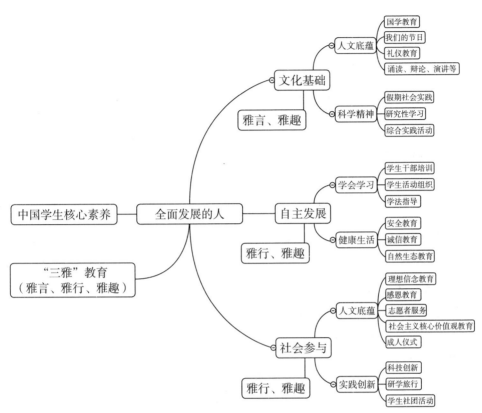

"三雅"教育与核心素养关系图

教育，我们一直在路上

兰州市第六十四中学　曾 艳

　　台湾作家席慕蓉曾说过这么一段话：别人是怎样地把儿女托付到我的手中，他们用着谦卑热切的态度，希望我能够，请求我能够，使他们的子女进入一种境界，达到一种要求，实现一个从十几年前便开始盼望着的幻梦与理想。是的，我们肩上的担子是多么的重啊！我经常自问：我尽了力吗？我真的可以问心无愧吗？我知道对我来说，学生送走了一届又会再来一届，但对一个家庭来说，可是百分之一百的希望和寄托，身为人母之后这一点感触就更深刻了。我常以王安石的一句话自勉："尽吾志也，而不能至者，可以无悔矣。"

　　说实在的，要当好高中班主任不容易。学生上了高中，由于学生身心的迅速发展，独立心理、逆反心理增强，他们总觉得自己是大人了，力求摆脱对成年人的依赖，教师、家长在他们心目中的权威降低。教师也不可能再像初中那样对他们哄哄吓吓了。他们自觉不自觉地向教师闭上了心扉。这给班主任的工作带来一定的难度。尤其是文科班的学生，有点小文艺，有点小情怀，爱自以为是。因此和他们讲道理要用他们喜闻乐见的方式，而不是简单说教。

　　高二伊始，我请了曾经是我校毕业的高考文综兰州市第一名的文科学生给我的文科班学生写了一篇文章介绍学习经验，分享学习心得，就是要和文科班的学生聊聊"天道酬勤"这点事。告诉数学较差的学生，数学也是有方法可循的，通过努力是可以学好的。告诉那些把文综当成简单背诵的学生，书上的知识只有通过总结概括才能转化成自己的知识。

原文如下：

从小到大，我们身边有一些"讨厌吧唧"的"别人家的孩子"。他们天天玩，然后他们学得还总是比你好。我们要做的，不是咬牙切齿地恨之入骨，而应该是心如止水地琢磨人家为啥玩得嗨，学得好？说个刺激我高中时代的例子：

我上高中时，我的同桌每天都沉迷在漫画里，然后每每考代数，他都能考95+，甚至令人发指的满分。我曾怀疑，这家伙是不是天降恶魔，专门来刺激呆傻憨的可怜的我的。后来和漫画哥混熟了才发现，人家对代数投入的爱和时间是我完全不可企及的。在我和爸妈去看天安门是不是放光芒的时候，在我去大草原看"风吹草低见牛羊"的时候，在我刷时间看那个年代的热剧《还珠格格》《铁齿铜牙纪晓岚》古装剧的时候，这哥都在变态地和代数玩耍，与几何为伴。

所以，在我不是一个数学天才、再假设我俩智商差别不太大的情况下，漫画哥投入代数学习的有形和无形时间，是远远多于我的。根据"天道酬勤"定律，漫画哥在代数上的成绩必然比我优秀。

那么再来说说他上课看漫画那点事。现在几乎可以把它理解为：谍战题材的迷惑剧！不管这是不是真心有意迷惑我。反正我一度被这长满青春痘、泛着轻描淡写、玩世不恭的小脸蛋给深深伤害了。还一度有一段孤独苦闷的日子，深切无比地相信了一个残酷的事实，那就是："我比哥笨，哥是神人。"

但当我发现哥的秘密时，如火降魔神器。于是开始着魔般大量投入时间，和哥拼命、拼时间、拼对几何的爱。于是，我在潜伏了一年，升入高二的时候，也能帅气炫酷地在你们的盈盈老师刚刚写下几何题目的时候，秒出答案。我也能在我的考试卷上画出一个让自己和我爹娘基本满意的分数。虽然，我最终考得没有哥好，但至少我可以正视自己的智商和学习能力绝不比哥差。也能快乐的，如哥一样，轻描淡写地玩耍和令人发指地秒出答案。

不信？！那你们放眼看看你们身边那些时常刺激你，让你苦苦追赶而不得的学霸男神女神们。想想，你在逛街、看电视、刷微博、玩朋友圈、打游戏、早恋的时候，他们是不是在埋头刷题、背书、变态与根号为伍、与小数点为伴。如果不是，请将你们的视野放大一点，看看他们的假期，他们的零星小时间，抑或他们在等价学习时间内的学习效率是不是比你高？如果是，那么请调整好方向，努力淡然地去追赶。

要相信，我们眼中的一切大牛，每日必有所学，且投入的时间一定不比你少。只是有些被你看见了，但更多没有被你看见。学习如行船，你不进，它必退。所以各位，请继续加油，请努力追赶，请不要放弃！

我特别重视班会课，从来不只是讲讲卫生纪律，或者让学生上自习课。班会课是教师与学生共同交流的绝佳时机，也是解决班级问题的最好场所，所以每周的班会课我提前几天就做准备。一般来说，班会课我主要解决两个问题：教方法、抓心理。

学生表现得好了，我也采用奖励措施，奖品经常是一支棒棒糖或者是鲜花。我不仅奖励学习进步的学生，也奖励为班级做出贡献的学生，更奖励为班级荣誉奉献的学生。每次考完试或评为优胜班级后我都要评奖，最后一次奖品是我自己发的。在高三学生放假的那一天，每人一支棒棒糖，奖励他们高二一年来付出的艰辛劳动，对他们对我工作的支持表示感谢。我想他们带着老师的祝福参加考试，内心一定是温暖而甜蜜的。

第四章

提高学生素养

激活学生情感体验　培养学生创新思维

兰州市第六十四中学　王海河

　　语文课程标准指出，语文课程丰富的人文内涵对学生精神领域的影响是深广的，学生对语文材料的反应又往往是多元的。因此，应该重视语文的熏陶感染作用，注意教学内容的价值取向，同时也应尊重学生在学习过程中的独特体验。这就要求广大教师在教学当中要尊重学生的主体地位，正视教学中出现的独特思想，并因势利导，善加利用，使学生在创新中体验到学习的乐趣。而一切创新都需要学生原有的知识、阅历作为基础，否则，这种情况下的创新就是空中楼阁。

　　现结合笔者在教学中的一些实践，来谈谈在这方面的一些思考。

一、重视学生的个人体验，激发学生的学习兴趣

　　学生创新思维的形成不是无根之木、无源之水，需要教师在整堂课中一以贯之地进行诱导、启发，所谓"问渠哪得清如许，为有源头活水来"，细心地为学生创新意识培养兴趣这一"源头活水"是非常有必要的。一旦激发了学生对新知识的兴趣，就能唤起他们的求知欲望、探索精神，提升他们在课堂上的注意力，促使学生积极思考，为形成自己独特的观点做好铺垫。

　　通过在课前创设问题情境，使学生融入课堂，不仅可以激发学生的求知欲，还可以更好地使学生形成发散思维，大脑兴奋，注意力高度集中，从而调动学生的学习积极性，主动地获取知识，为激发学生创造性思维创造有利

的条件。

例如在学习《第一堂课》时，我请同学回顾了历史课中学过的北平沦陷的相关知识，又展示了日军占领北平的情景及日寇的暴行的图片，让学生说一说：如果你就在北平城中，你会想些什么，做些什么？在学生做出了自己的回答以后，将《四世同堂》进行了简单的介绍，并着重将祁瑞宣兄弟几人的不同人生道路做了展示，请学生与自己的选择做比较。学生从小说中找到了与自己"志同道合"的形象，对小说中的人物也就有了更浓厚的兴趣，就会设身处地地为祁瑞宣着想，从祁瑞宣的角度去理解这个人物，对祁瑞宣的"痛苦"也就能理解得更为深刻。因此，在回答"你是如何理解'真正的苦痛是说不出来的'这句话的"这一问题时，才有学生说出祁瑞宣的沉默不是单纯的软弱，是想反抗而又无法置亲人于不顾的"忠孝不能两全"的无奈的观点。

二、正视学生情感体验，形成以学生为主体的课堂氛围

心理学研究证明，一个人只有在舒适、安全的环境中，才能毫无保留地发表自己的观点，否则，会因自我保护的原因，选择对自己有利的观点。初中学生已经或正在步入青春期，他们有自我表达的需要，也学会了在生活中保留自己的观点来保护自己，以免遭到同伴的嘲笑或教师的批评。而另一方面，新课标要求教师成为学习活动的组织者和引导者，引导学生在实践中学会学习。只有在开放的、以学生为主体的课堂氛围中才有可能实现这一要求，也就是以为学生形成和表达自己的看法提供舒适、安全的环境。

开放的、以学生为主体的课堂是有包容性的课堂，是对学生的各种"奇谈怪论"有着相当的宽容性的课堂。在这样的课堂中，学生虽有看法的不同却无高下的差别，这样才会使学生忠于自己的观点，而不会出现看到其他同学的观点就亦步亦趋，看到教师在教学过程中露出的观点就改弦更张的现象。唯其如此，学生才敢于坚持自己独特的观点。例如在上《最后一课》时，我提出这样一个问题：比较哈墨尔先生和小弗朗茨，你对哪一个更感兴趣？学生对哪个感兴趣，就先分析哪个人物，学生从课件中看到自己的选择决定着教师上课的方向，与教师、文本之间的心理距离也随之拉近，思维也相应开阔起来。

三、从学生的生活体验出发，对文章进行多主题探讨

有一千个读者，就有一千个哈姆雷特。文学作品在脱离作家的笔尖，成为独立的个体之后，也就具备了可以从多角度理解的特性。而学生由于生活环境、家庭氛围、文学涵养的不同，对作品的理解角度、理解的深刻程度也有不同。如果教师在备课时不重视这些因素，就很有可能使课堂走入死胡同，形成表面上是新课标，实际上是一言堂的局面。

例如莫泊桑的《项链》一课，一般的观念认为这篇文章的主旨是批判虚荣心，但是在上课时由于设计了这样的问题：你怎么看待玛蒂尔德的种种梦想？所以很大一部分学生从自己的生活体验中回答：我觉得这很正常，因为我也曾经梦想过买彩票中五百万，让全家人过上好日子。

面对这种情况，我一步步放开学生的思维，在通过分析人物形象的同时，逐步抛出了以下问题：你觉得除了还债之外，还有没有其他解决的方法？你觉得玛蒂尔德应该为一家人过上贫困生活负责吗？你如何看待玛蒂尔德还债的行为？你如何评价后文玛蒂尔德还债的行为？如果你和玛蒂尔德生活在一个时代，你会和她做朋友吗？你觉得这串项链是毁了玛蒂尔德还是拯救了玛蒂尔德……

最后，在分析文章主旨时，有些学生抓住文章中"人生真是古怪，真是变化无常啊。无论是害您或者救您，只消一点点小事"这句话，有的学生认为旨在说明生活的无常；有的学生认为这是在批评玛蒂尔德的虚荣心的同时，赞扬她勇于负责任的品质。这些分析的确已经超出了我在备课时的预期。

四、尊重学生体验，激发学生的求异思维

"尽信书，则不如无书。"文学作品并不排斥虚构，而且这些虚构也可能会使得文章更加精彩，情节更加打动人。但是在教学中，我们也要正视这些虚构与学生生活之间的差距，因为这些差距可能会造成对人、对事不同的理解、认识。

例如在学习《唐雎不辱使命》这一课时，在分析完人物形象之后，我请

学生说一说：如果你是安陵君，你对唐雎的表现会打多少分？并说明理由。本来以为学生会对唐雎的表现大加赞赏，但有一位学生却说出了这样的看法：如果我是安陵君，我会给唐雎打不及格。因为他的这种方式只会把秦王惹毛了，秦王回过头来肯定会把安陵给灭了！

虽然教参中有类似的看法，但学生中能出现这样的回答就完全出乎我的意料了。于是，我因势利导，让学生讨论：这位同学的看法有没有道理？很快学生就达成了一致：唐雎的胜利是暂时的，秦王在保证了自己的安全之后肯定会来收拾唐雎和安陵君。有些同学拿社会上不良青年打架为例子，并表示如果自己是秦王也会这么干！更有同学拿荆轲刺秦的故事来证明这一点。学生的生活体验使这堂课变成了讨论会，大大丰富了课堂内容。

我们常说生活就是语文，如果脱离了生活去学习语文，语文也就失去了它的生动和美丽。所以，要培养学生的创新精神，必须关注学生的生活体验，让语文课堂真正成为学生的课堂。

不忘初心立德树人　提升素养当好引路人

兰州市第五十五中学　蔡　斌

作为中国教育发展基础的中小学，我们的肩上承载着家庭、社会和国家的关注和希望。一个好校长，就是一所好学校。一个具有家国情怀的校长，当然所指导的教师和所培养的学生也是充满责任感的，是具有中国特质的。我们应该不惜一切代价和甘冒一切风险地遵从职责的召唤。

一、扎根中国大地，丰厚教育底蕴

中华文明，源远流长，博大精深，其中最具代表的内容就是教育的发展。而中国之所以能够经历多次磨难而屹立不倒，与民族坚实的精神和文明的支撑有直接的关系。习近平总书记指出，要"坚持扎根中国大地办教育"。这就要求我们着眼于中华民族自身的发展需要，从我国优秀的历史文化资源中汲取养分，立足我国基本国情，加快推进教育现代化，建设教育强国，办好人民满意的教育。中小学教育需要做好传承和坚守。

1. 坚持党的教育方针，努力为中华民族伟大复兴培养人才

教育作为一个国家、一个民族的集体事业，始终是与国家、民族同呼吸、共命运的。纵观古今中外，一个国家的教育是与本国的发展、本国的重大利益紧密联系的，是为本国特定阶段的历史任务和重大现实利益服务的。可以说，为国家、为民族的重大现实利益和发展目标服务，是教育应有的作用和职责，也是衡量一个国家教育事业成功与否的重要标准。实现中华民族伟大复兴

我们在路上

是近代以来中华民族最伟大的梦想，是亿万中华儿女共同的心愿。我们过去所做的一切工作，包括教育工作在内，归根到底都是为了实现这个梦想。今天，我们比历史上任何时期都更接近、更有信心和能力实现中华民族伟大复兴的目标。实现伟大梦想必须推进伟大事业，而中国特色社会主义教育事业是中国特色社会主义的重要组成部分。因此，我们应当更加重视教育，努力培养出更多更好能够满足党、国家、人民、时代需要的人才，为实现伟大梦想、推进伟大事业服务，这是我国发展教育事业的庄严使命。

2. 坚信中华悠久灿烂的历史文化资源蕴藏的深厚的时代价值，汲取丰富的精神养分

习近平总书记指出，中国优秀传统文化的哲学思想、人文精神、教化思想、道德理念等，可以为人们认识和改造世界提供有益启迪，可以为治国理政提供有益启示，也可以为道德建设提供有益启发。扎根中国大地办教育，坚持中国特色社会主义教育发展道路，应当深入挖掘和阐释优秀历史文化资源中所蕴含的哲学智慧、价值观念、教育理念和教育方式，并进行创造性转化、创新性发展，使其真正成为我们办好教育事业取之不尽、用之不竭的源头活水。中国传统文化包含的思想价值观念和道德规范，涵盖人与自然、人与家庭、人与社会、人与人以及人与自身的关系等各个方面。其中很多内容不论过去还是现在，都有其永不褪色的价值，如崇仁爱、重民本、守诚信、讲辩证、尚和合、求大同等思想，自强不息、敬业乐群、扶正扬善、扶危济困、见义勇为、孝老爱亲等美德。扎根中国大地办教育，要传承和弘扬中国传统文化所蕴含的宝贵思想观念，为解决当今人类生存发展面临的问题贡献中国智慧、中国价值和中国力量。同时，要用优秀的文化成果、艺术成果滋养人、陶冶人，更好地满足人民日益增长的、多样化的精神文化需求。因此，对历史文化特别是先人传承下来的价值理念和道德规范，要坚持古为今用、推陈出新，有鉴别地加以对待，有扬弃地予以继承，努力用中华民族创造的一切精神财富来以文化人、以文育人。

3. 坚定当前我国的基本国情，扎实推进教育事业改革发展

教育既是事关民族复兴、国家强盛的基础工程，也是事关人民群众幸福美好生活的民生工程。为人民服务是我们党的根本宗旨，也是我们党发展教育事业的目的所在。教育是提高人们思想文化素质、提升人们生活质量的根本途径。扎根中国大地办教育，要不断促进教育公平，努力让人民群众享受更优质的教育，让教育改革成果惠及全体人民。党的十九大报告指出，我国社会主要矛盾的变化，没有改变我们对我国社会主义所处历史阶段的判断，我国仍处于并将长期处于社会主义初级阶段的基本国情没有变，我国是世界最大发展中国家的国际地位没有变。为了更好地扎根中国大地办教育，我们必须牢牢把握社会主义初级阶段这个基本国情，准确把握教育事业发展面临的新形势新任务，既不能裹足不前，也不能好高骛远，而应科学谋划、统筹协调，实事求是地解决好当前教育领域存在的一系列问题，不断使教育同党和国家事业发展要求相适应、同人民群众期待相契合、同我国综合国力和国际地位相匹配。

二、融通中外思想，激发教育热情

教育是民族振兴、社会进步的基石。对一个国家来说，教育兴则国家兴，教育强则国家强。面对国际局势的变幻，中小学教育工作者需要通过积极主动的教育创新，不断激发教育热情，为国家长久发展奠基。开展多层次、宽领域的教育交流与合作，提高我国教育国际化水平。借鉴国际上先进的教育理念和教育经验，促进我国教育改革发展，提升我国教育的国际地位、影响力和竞争力。

1.因地制宜，审时度势，学习先进

要以开放的视野、宽阔的胸襟、积极主动的心态加强国际性的教育交流，在交流中吸取与借鉴、在交流中提升思维水平、在交流中推动教育的进步与发展，这是不应绕开也不能绕开的必由之路。近年来，兰州市选派中小学管理者前往教育发达国家和地区考察学习，更新了教育管理人员的理念、开阔了他们的视野，有效促进了学校管理水平的提升；选拔优秀师资与英语系国家和发达国家进行互访交流，增强了国际间的教育融合，提高了我国英语教师的口语水平和对教育的理解；专项选拔足球专业优秀师资前往欧洲跟岗学习，提升足球训练能力和水平，显著提高了学校足球教学水平。

2. 对比分析，融会贯通，文化自信

通过学习借鉴和合作交流，我们应当修炼出一种文化的定力，真正理解国外教育的精髓、教育思想和实践所产生的背景以及存在的缺憾；同时真正谙熟自己教育的传统优势与弊端以及教育根植的深厚的文化土壤。在此基础上进行交流、碰撞，使国外教育的精华通过我们的理解和消化融入我们的教育改革与发展中，从而能在我们的教育土壤中生根、发芽；同时，不至于丢失我们的优良传统，且能使我们的优良教育传统不仅在国内也在国际教育中得到彰显与弘扬。例如，我们在教育改革中，引入PCK教学实验，强化传授一门学科所必须拥有的知识，而不是知识本身，有效地促进了教学研究水平和质量的提升。

三、立足新时代，肩负教育新使命

进入新时代，习近平总书记系统总结了我国教育事业取得的巨大成就，深刻阐释了教育改革发展的一系列新理念新思想新观点，深化了对新时代中国特色社会主义教育事业发展规律的认识，为繁荣发展中国特色社会主义教育事业提供了根本遵循。中小学教育如何应对教育领域的新变化？习近平总书记在党的十九大报告中要求"发展素质教育"。就基础教育阶段而言，未来要以落实核心素养作为发展素质教育的主攻方向。

1. 制定新目标推进教育新优质发展时代进程

提高教育质量既是建设教育强国的需要，也是办人民满意的教育的需要。在推进基础教育内涵发展、全面提高教育质量的道路上，教育部进一步完善体制机制，出台了一系列标志性的教育政策，推进基础教育进入新优质发展时代。为加强小学科学教育工作，教育部出台了《义务教育小学科学课程标准》；为加强中小学生实践活动课程建设，教育部出台了《中小学综合实践活动课程指导纲要》；为加强学校德育工作，教育部出台了《中小学德育工作指南》；为加强中小学教材建设，提高教材质量和品质，体现课程改革的核心理念，经国家批准，教育部成立了"教材局"。此外，教育部办公厅还印发了《关于2017年义务教育道德与法治、语文、历史和小学科学教学用书有关事项

的通知》，体现了教育部加强义务教育学校教材管理的意志。为了普及高中阶段教育，提升高中办学质量，教育部出台了《高中阶段教育普及攻坚计划》，这是21世纪以来关于高中阶段教育发展的最重要的国家政策。这一系列文件进一步体现了新时代我国基础教育加强内涵发展，全面提升教育质量的决心，也为素质教育的进一步提升制定了政策依据。

2. 培养德智体美劳全面发展的社会主义建设者和接班人

近年来，兰州市通过引进"新教育""自学·议论·引导教学法""情景教育""爱的教育"等全国优质教育教学成功的实验项目，改变教学组织形式，改变课程结构，改变教师工作状态，给学生以新的学校生活、新的学习方式、新的成长体验。构建给学生选择空间的多样性课程，更多地关注学生的个别发展从而转变他们的学习方式。在学习内容上加强整合和跨学科学习，在学习方式上增加主题学习和项目学习，学习环境是互助的、团队的、泛在的，教师角色是引导的、支持的、促进的。这种教育凸显创新思维和能力、人文精神与审美能力的培育，有着生态协调、环境友好、便捷灵巧的环境建设，能让理想的课程成为学生获得的课程，并且注重学校的现代治理。这样，把教育视作提高人民综合素质、促进人的全面发展和传承人类文明与知识的重要途径，把教育作为培养青年一代创造美好生活的根本途径，努力提供和创造更好的教育，从而使孩子们能成长得更好、工作得更好、生活得更好。

四、面向广阔未来，迎接无限风光

随着新的教育理念和技术不断涌现，教育的变革也悄然跟进，教育的基础性、先导性、全局性地位和作用更加凸显。重大科技创新正在引领社会生产新变革，互联网、人工智能等新技术的发展正在不断重塑教育形态，知识获取方式和传授方式、教和学的关系正在发生深刻变革。人民群众对教育的需求更为多样，对更高质量、更加公平、更具个性的教育需求也更为迫切。我们要加快向创新型国家迈进，建设现代化经济体系，建设富强民主文明和谐美丽的社会主义现代化强国，实现中华民族伟大复兴的中国梦，满足人民美好生活需要，必须加快教育现代化，把我国建设成为教育强国。

（1）对学生的评价不再局限在期末。未来的学校对学生的评价重在平时的点滴，而不再局限在一两次考核。

（2）未来的学习不仅要脚踏实地，还应仰望星空。未来学习也是需要扎扎实实打好基础的，且有着无限的可能，蕴含着超越和个性化。

（3）技术在变，文化的力量不会变。面向未来，教育技术在变革，但是人文对于教育的滋养和润泽是不会变的。

如何做好高三备考工作

兰州市第五十五中学　蔡　斌

在我国考试选拔功能已经发挥得淋漓尽致的今天，高考是学生实现人生理想、国家选拔人才的最主要途径。高中教育面对的现实最终要接受高考的评价，高考结果的好坏在很大程度上决定着一个学校的生存和发展。因此高三复习备考成为高三教学工作的重头戏。在高三复习备考过程中，我们要努力做到以科学的精神谋划备考，让研究的风气贯穿备考，以优质高效的两课（复习课和试卷评析课）实施备考，用优质的管理来促进备考，努力使学生在高考的大舞台上展现自己的聪明才智，在激烈的人才选择竞争中脱颖而出。下面就高三复习备考谈一些想法和具体做法。

一、以科学的精神谋划备考

进入高三之后，高三各学科备课组长组织本学科教师学习课程标准和考试说明、研究教材、分析近三年高考试题，从变化和比较中找出高考命题趋向和规律，结合本届学生实际，制定本学科复习备考的目标和计划。在复习过程中，始终要坚持立足教材、夯实基础、培养习惯、加强技能、锻炼素质、提高能力的原则；要坚持教师为主导、学生为主体的原则；要坚持精讲精练、讲练结合的原则。在各学科备考计划的基础上，对高三复习备考作统筹安排。

复习时间安排分为三个阶段。

1. 每年9月份到次年3月上旬为第一轮复习阶段

这一轮复习的目标是夯实基础，使学生对教材中的基本知识结构、基本概念和基本规律有清晰的认识。

10月组织建档考试，11月组织建标考试。"讲"要突出重点，抓住关键，突破难点；"练"要讲求效果，克服简单重复。在学法指导上，我们要求学生以课本为本，充分发挥课本的主导作用，弄清每个章节的知识点和要求、基本规律的来龙去脉以及本章节内容和前章节内容的关联；不仅要加深对基本概念、基本规律的理解与运用，而且还要弄清概念、规律的形成过程；要通过复习对所学知识进行综合归纳，连成线、结成网、形成树；要看书与练习相结合，看书与练习时间比例大约为3/7，练习也以中低档题为主。复习中备好两个本，一是改错本，二是笔记本。改错本就是把做过的，包括在平时的考试和自测中，那些做错的和不会做的题收集起来，认真分析错误的原因是属于知识缺陷，理解错误，还是自己一时疏忽看错了题，或是计算失误书写不当等，自己有何感受和启发，都略加评述和记录，以便以后经常翻看。笔记本不仅是课堂笔记，更重要的是要将所学过的知识用自己的理解进行整理，总结形成自己所理解的体系。这一过程是将书本由厚读薄的过程。形象地说，就是自己写一本自己看的书，自己写的书对自己最有用，理解也会更深刻。无论什么时候有了新的理解，都可以及时把它加入这本"书"里，最终形成网状的知识结构。

第一轮复习的关键是落实。在抓落实过程中，要立足教材，依托教辅、单元检测和阶段测试相结合，注重抓好落实的各个环节。在第一轮复习过程中，我们要求各学科在每一单元复习过程中要安排一至两节课阅读教材，将教材上某些习题演变后作为学生练习题，通过教师的复习课与阅读教辅，加深对考点内容的理解。每一单元复习后，均需安排单元检测，以检测学生单元复习效果。每月安排月考，月考内容采用滚雪球式，将已复习的内容逐步融入月考试卷中，使月考试卷所含知识范围逐渐增多，促使学生在单元复习过程中自己安排对复习过的知识再复习，逐步形成完整的知识体系。

2. 次年3月中旬到4月底为第二轮复习阶段

3月组织一场考试。这一轮复习的目标是提升能力，主要是专题讲座形式。这一阶段的目的是辨析各知识块内的基本概念及其相互关系，对主干知识进行梳理串联，构成科学、系统的知识网络，总结小范围内综合问题的解题方法与技巧，初步培养分析问题和解决问题的能力与综合能力。在第二轮复习中，重点在提高能力上下功夫，把目标瞄准中档题。第二轮复习组织八套能力训练题。编写原则有：体现教材的特点，符合考纲要求和我们的复习训练思想，并且体现新颖、准确与导向性，有助于学生梳理归纳训练。在第二轮复习期间每周进行一次文、理综合的练习，安排三次模拟考试，让学生适应综合考试的方式，要求做到能力训练步步提高，专题训练层层落实，综合训练融会贯通。

3. 次年5月为第三轮复习

这一轮复习的目标是强化能力，为强化训练阶段，也是高考前的冲刺训练。一般分两步走：第一步，先用3周时间进行模拟训练，从知识到能力再到考试心理素质方面的训练，主要进行学科内的综合和学科间的综合测试，并密切注意高考相关信息及动向。重点是重要概念及相互关系的辨析、重要规律的应用等进一步总结解题的方法与技巧，培养分析和解决综合、复杂问题的能力，进一步提高思维能力。第二步再用一周时间，让学生自由复习，自行梳理一年来复习的内容，查漏补缺。这一阶段要指导学生培养并加强考感、做题程序、审题、书写规范等内容的训练。回头再仔细看看前两个月的卷子，反思、整理思路，查找更好的方法，使知识纵横联系起来。各科教师也可充分利用这段时间来整理反思我们的整个复习，研究考前来自各地的新信息，做好答疑和考前指导。5月底组织一次适应性考试，而后评讲结合指导，让学生满怀信心去参加高考。

在高三复习备考中为避免学生处于过度疲劳状态，强调学生参与必要的文娱体育活动。坚持各班每周五利用半小时时间开展文娱活动，做好课间操。适当的文娱体育活动，活跃了班级气氛，培养了学生健康心理，增强了班级凝聚力。

理想是学生成功的动力，有了理想，才会有前进的方向，才会有前进的动力。一个人如果没有明确远大的志向，没有美好的希望和追求，就会迷失方向和失去动力。进入高三，要注重对学生进行前途理想教育，讲述科学家成才的故事，讲述往届校友成功的学习方法和奋斗历程；指导学生制定学习计划和高考目标，要求计划比较符合学生基础、能力实际，目标可以促进学生奋发向上；挖掘学生的内在学习动力，变"要我学"为"我要学"，变"以学为苦"为"以学为乐"。

二、以研究风气贯穿备考

研究是否深入、研究力度如何，直接关系到复习备考工作的实效性。进入高三，要特别注重抓备考研究，主要体现在下述几个方面。

1. 研究《考试说明》的变化

《考试说明》是高考命题的依据，虽然近年来大部分学科保持了相对稳定，但总的趋势是稳中求改，稳中求变，稳中求新。新的考试说明下达后，将作为高三师生的必学必研内容，通过学习使学生对考试目标、能力要求、考试内容及形式有大概了解，对高考题型难度获得一种感性认识，以避免盲目性。高三教师要通过研究和解读，领悟高考精神，明确命题原则，掌握能力要求的层次。

各科任老师要写出学习《考试说明》后的体会，集体备课中进行学习交流，从而使全组教师对新一年高考题的命题原则、难易程度、难点的设置、基础题的比例，高考题中可能的知识覆盖，压轴题的题型及对所对应的知识范围进行预测，形成某些共识，有效地制定各学科备考战术。

2. 研究高考试题

高考命题改革直接影响中学教学的改革，认真研究高考命题改革趋势，有利于中学教学改革的逐步深入，有利于中学素质教育的实施。各科高考试题总体可分为两大类：知识型试题和能力型试题。

知识型试题，注重知识的记忆和简单理解、知识的简单应用。能力型试题求解方法灵活，思维容量大。其具有以下特点。

（1）创设新情况，结合双基考能力。

（2）试题条件、结论都较开放，拓展考生思维空间。

（3）提出新信息，考查学生获取信息、加工信息的能力。

（4）从已有知识结构出发，推陈出新，考查创新能力。

我们要求各学科研究高考试题要侧重以下几个方面。

（1）历年试题整体研究——找共性。

（2）近期试题重点研究——找趋势。

（3）相同考点试题对比研究——找变化。

（4）不同题型试题分类研究——找差别。

（5）各省试题集中研究——找新意、找动态。

3. 研究教材，弄清教材的基础点、能力点，挖掘提高点和突破点

复习备考各科仍然要以教材为本，复习备考中仍然要研究教材，研究教材配备的练习题，很多高考题就是教材上某些练习题的改编。复习备考中要吃透教材，明确教材习题考查的知识点，将教材习题改头换面地让学生练习，有利于学生融会贯通高考知识点内容。

4. 研究3+"X"，促综合能力提高

实行考试改革，3是基础，"X"联系着学生的个性与发展。3与"X"在高考复习中地位均很重要，必须平衡地发展。任何一门学科的跛脚都会导致学生在高考中吃败仗。学校要成立理综和文综研究小组，从近两年高考试题看，理综主要是"拼盘式"，因此我们强调理化生各学科均以"种好自己的责任田"为主。从现行中学知识结构看，文科课程较易互相渗透和综合命题，文科综合组要定期研究各科的结合点，要研究综合题的知识广度和深度、难度问题，要注重学生跨学科综合能力的培养，同时要将研究性学习课题与复习备考有机结合起来。

5. 研究命题与试卷，提高复习备考针对性

备考离不开做题，离不开考试。但那种题海战、模糊战、地毯式的轰炸，只能使学生昏昏沉沉，头重脚轻，疲于奔命。在前述四个方面研究基础上，各学科在各阶段要编拟出高质量的训练及考试题。进入第二轮复习前，各学科统一编制第二轮训练题。在命题前，备课组长对各套试题的知识点覆盖、题型种类、能力要求、难点设置做出整体部署，使每套试题有不同侧重点。命题老师必须有命题目的、考查知识点和能力要求的说明。每套训练题一人命题，一人审题，杜绝试题的科学错误。要增强训练的科学性、针对性和前瞻性。在第二轮、第三轮复习过程中的月考题和模拟试卷，备课组长要首先整体布局，强调各套试题的知识点、能力点、题型、难点的设置，杜绝各种怪题、偏题、歧义题。

6. 研究学生、强化学生健康心理素质的培养

高考既是知识能力的竞争，也是心理素质的比试，不仅需要健康的体魄，而且需要健康的心理。整个高三复习过程中，特别是进入第二轮复习后，即考前100天，个别学生可能会出现考试焦虑症状。如有的学生勤奋刻苦，对自己严格要求，但过分注重家长对自己的期待，学习上唯恐有丝毫差错，稍有不顺，便自责自疚，以致对自己学习能力产生怀疑，忧心忡忡；还有的学生虽然基础较差，学习成绩总是不理想，但又想获得好成绩，不想比其他人差，他们平时埋头学习，暗中与其他同学比赛，较重的自卑感、爱面子，不愿和其他同学交往，逐渐变得自我封闭；还有的学生老是对自己实际水平估计过高，制定目标时不切实际，什么事都想比其他同学强，总是"眼高手低"，美好的愿望难以实现，情绪容易波动，一遇挫折就情绪低落，或嫉妒其他同学，或怀疑自己实力不足，或认为自己命运不好；有的学生平时学习正常，但临近考试就会产生一种紧张感和恐惧感，以致考试过程中思维不清、手忙脚乱，思想处于僵滞停顿状态，考试期间头脑一片空白，原来非常有把握甚至平时做过的原题在考试中也做不出来，即使做出来了，也怀疑答案错误而再三检查，往往会延误考试时间，使考试一败涂地。

上述各种症状实质上是高三学生的一种心理障碍。为避免上述症状的产生，各班班主任要注意保持与家长的密切联系，每学期都要召开家长会。家长要协助教师给学生调整心态，不要对学生施加过重心理压力和提出过高期望。要保证学生充足睡眠，不能长期开夜车，加班加点。要鼓励同学之间大胆进行交流。同学之间、师生之间的平等交流，可以倾吐心中的郁闷，排除内心的忧愁，减轻焦虑程度。即使是在高三下学期，班级也要组织一些文体活动，改善心情，使人更活跃，对生活更有信心。聘请有经验的教师针对个别学生存在的心理问题做好解答和疏导。学校通过各方面工作，使高三学生在整个复习备考中始终具有良好的心理健康状态。

三、以优质高效的"两课"实施备考

复习备考中，课堂仍是学生获取知识的主阵地，课堂教学是学生掌握知识、提升能力的主渠道，复习课和试卷评析课直接影响着复习备考的教学效果。

复习课要帮助学习温习基础知识，重视知识的区别与联系，注意知识的应用与理解，注重知识迁移能力的培养。每节复习课必须突出本节课知识所对应的高考重点，帮助学生化解难点，因势利导引出漏点，联系实际找出热点，全面理解击中盲点，从而达到复习课整体效果。

每做完一套试题或训练题，为提高评讲效果，科任老师在评讲前要做到"四统""五查""四归纳"。

（1）"四统"指分段统计考试成绩、分题统计错误人数、分项统计错误误点、分类统计解法样本。

（2）"五查"指查引起错误的原因、查学生审题偏差、查知识掌握的漏洞、查应用能力缺陷、查思维能力障碍。

（3）"四归纳"，归纳试题考查目标、归纳涉及的知识范围，归纳试题特点，归纳解题方法和技巧。

在上述"四统""五查""四归纳"基础上，在试卷评课的课堂教学过程中，要求突出"三性"。

（1）评讲要有"辐射性"。评讲不能单纯就题讲题，要从一道题出发，将这一道题从改变题干内容、改变设问方式等方面进行多角度变化，带动相关的知识点、能力点的讲授，从而达到举一反三、触类旁通的效果。

（2）评讲要有"指导性"。指导学生如何审题，从何处分析，为什么这样分析，指导分析的方法与技巧，如何挖掘隐含条件，如何建立正确模型，如何排除思维障碍。一道题目在解答过程中如何尽快上手，求解一道题目过程怎样才算完整的叙述，规范的表述。使一道题在解题过程中无懈可击、完美无缺，使人在阅卷过程中有一种美的享受。

（3）评讲要有"诊断性"。分析学生试题出错的原因，找出学生知识漏洞和能力缺隐，如何预防低级错误、非能力因素丢分现象的发生，达到诊断和预防的双重效果。

四、以优质的管理促进备考

年级的管理，重点是抓好备课组长，抓好班主任，抓好学生干部。

抓住备课组长就意味着抓住了教学，备课组长是学科复习备考的第一责任人。从常规教学到教学研究、教学人员管理，都得依靠备课组长，哪位组长得力，哪个学科的情况就好。因此，年级的教学工作，各备课组每周至少有一次集体备课时间，每月年级定期召开备课组长例会进行研究。每次备课都要备教材、备重难点、备练习以及备学生。在统一认识的基础上，努力做到教学目的、内容、进度、资料和作业的统一，具体教学允许不同教学风格并存和教师自由发挥，要互相听课、老教师带新教师，相互取长补短。

年级另一项日常管理工作是对学生的教育管理工作，主要是通过班主任这一条线来展开的，主要是抓好班主任和学生干部。班主任是班级复习备考的第一责任人，要使整个班主任队伍形成一个团结协作、互相学习、互相竞争的整体。年级每周星期一早晨召开班主任例会，小结前一周的班级管理工作，议论共性问题和重大情况，商量布置下一周工作。班主任工作必须以"一切为了学生，为了一切学生，为了学生一切"为指导思想，围绕德育是首位，教学是中心，纪律、安全是保证的总体思想。班务工作要"严"字当头，"勤"字开路，动之以情，晓之以理，面向全体，学会宽容，培优与转差并重，努力实现班级整体优化。

要求班主任老师对本班学生逐个分析现状，制定目标。鼓励有希望上线的力争不落榜，有希望上本科的力争进重点，能上重点的力争进名校。让学生在奋斗目标的激励下，增强上进心，实现比学赶帮超的热潮。

作为班主任，在面对优等生的同时必然要面对所谓的"后进生"。一是给关心，要求全面关心后进生的成长，对暂时学习成绩较差学生，要注意寻找他们的亮点，多鼓励，增强后进生自信心，激发他们的上进心；二是给方法，培养学生良好学习习惯，后进生与优等生的差异除了长期智力积累的基础差异之外，更主要的是行为习惯、学习方法的差异。要求班主任从最简单的生活习惯、卫生习惯、学习习惯入手，教给他们观察、记忆、思维的方法。三是动之以情，晓之以理，一视同仁，宽以待人。在安排教室座位方面，不歧视后进生，尽量不搞优等生与后进生的隔离，将后进生与优等生有机搭配，结帮扶对，营造愉快的学习环境，浓厚的学习氛围。

充分发挥学生干部在年级和班级管理过程中的积极性，既培养和锻炼了学生的管理能力，又提高了管理的实效性。很多工作由学生干部出面做，学生更易接受，因为这是一种无敬畏、讲理解的平等交流。又因为这里有学生干部的理解与沟通，有他们自身的模范带头作用，所以工作推进实效高。每两周由年级召开一次年级学生干部会，不定期地组织一些文娱活动、学生交流、学生论坛、检查考核，以此来促进良好班级和班风的形成与巩固。

年级的管理还有一个很重要的工作就是"协调"，即教师主导与学生主体关系的协调、各个学科教学时间和教学负担的协调、培优与转差工作的协调、学生情绪与心理的协调。这四个方面的协调原则是：反对大包大揽的一言堂教学，主张给学生充足的活动空间和主宰自己、发展自己的机会；反对争抢时间和向课外挤压的无全局观念，提倡向内使劲、强化有效训练和大局意识、整体观念；反对重优恶差的情绪化态度和简单一律的做法，主张因材施教，鼓励加指点的做法。对学生出现的情绪波动和心理偏差，我们要求教师要多理解、多开导、勤观察、细致教，做到理解疏导与激励指导相结合，班主任与任课教师相结合，集体敲打与个别谈心相结合，目的就是让学生掌握复习的主动权，充分发挥学生在复习过程中的主体作用，让所有学生都有一个健康振奋、积极向上的复习心态。

以上是笔者对高三年级复习备考的一些思路和具体做法。教无止境，研无止境，教学有法，教无定法。在基础教育的大舞台上，我们全体教学人员将奏响素质教育的主旋律，唱好复习备考的重头戏，不断开展教学研究，不断加强教学管理，以教研促教学，以管理促质量，以质量求发展，全面培养学生能力，全面提高人才素质，使更多的学生在高考的大舞台上脱颖而出，成为建设祖国的栋梁之材。

中学如何办好思政课

兰州市第五十五中学 蔡 斌

党的十八大以来，以习近平同志为核心的党中央全面加强党对教育工作的领导，坚持立德树人。继全国高校思想政治工作会议、全国教育大会之后，又召开了学校思想政治理论教师座谈会。习近平总书记从党和国家事业发展的全局出发，深刻阐释了办好思政课的重大意义，深入分析了教师的关键作用，明确提出了推动思政课改革创新的重大要求，坚定了把思政课办得越来越好的信心和决心，为我们推进思政课建设指明了前进方向、提供了重要遵循。当前和今后一个时期，深入学习贯彻习近平总书记在座谈会上的重要讲话精神是学校的头等大事和重要政治任务，要在学校迅速掀起学习宣传贯彻习近平总书记重要讲话精神的热潮，把学习贯彻习近平总书记重要讲话精神不断引向深入，持续营造良好氛围，统一思想，师生齐心，把学习宣传贯彻工作抓紧抓实抓好。

一、校长要成为学校思政课的第一责任人

办好思政课，教师是关键，校长是第一责任人。作为校长，要做好"整合"工作，思政课要写好散文诗，谱好协奏曲，奏好交响乐，仅靠课堂上的40分钟，是无法上好有血有肉、有滋有味的思政课的，一定要与其他学科打好组合拳，还要加强活动设计，增强实践体验。这涉及学科融合、活动的顶层设计和统筹，校长的角色就变得非常重要。要想办好思政课，校长对思政课要有高

见，并对基于思政内容的实践活动进行统筹设计和推进。

1. 做好贯彻学习宣传工作

尽快启动宣传工作，通过课堂和校报、校刊、公众号、微信群、QQ群媒介，让广大师生认识到思政教育的重要作用。

2. 加强组织领导

学校领导干部要积极参与思政工作、教学工作、学生工作，要设定工作标准，对标实施。

3. 加强思政课教师队伍建设

学校要配齐思政课教师队伍，加大思政课教师的培训自修力度；充分利用信息技术手段，扩大集体备课的覆盖面和实效性；加强对每一节课教育目标内容的研究，特别要研究学情；要明确从初一到高三各年级思政课教学的重点任务内容，形成一体化思政课育人体系。

4. 实施"新时代思想政治理论课创优行动"

学校要通过高水平的教学、高质量的课堂、高效率的机制、高标准的教学质量，久久为功，深入推进思政课思路创优、师资创优、教法创优、机制创优。

5. 开展以核心素养为主导的活动性学习课程

把我们的目标内容教学与活动有机结合。要更多地把学生带到自然和社会中，让他们切身去体验中华优秀传统文化、革命文化、社会主义先进文化，并做出有质量的研究，引导学生不仅爱自己，还要关心社会热爱祖国，成长为一个有大爱大德大情怀的人。

6. 提供专项保障经费

根据思政课学校建设的需求，提供相应经费，做到软件硬件相结合，如校本教材的开发、课题的研究等。

二、提高当前思政课教师的素养与魅力

1. 教师要有信仰

思政课教师要成为教师群体里信仰最坚定的人，这样才能保证课堂上价

值引领的方向正确。

2. 教师要不断学习

教师要学懂学透习近平新时代中国特色社会主义思想，特别是习近平总书记在学校思想政治理论教师座谈会上的重要讲话精神；站在为国育才的大格局上，根据广大青少年学生的认知特点和接受能力，通过自己扎实的理论功底；以政治学科理论的逻辑之美赢得学生，用真理的力量感召学生，让学生做到真正的信服。

3. 教师要拓宽视野

教师不仅要关注历史，更要关注今天不断变化的丰富多彩的现实，用深刻的洞见增强思政课的思想性，在与学生探讨交流中，通过良好的沟通和表达能力，实现对学生的价值引领。

4. 教师要富有创新精神

教师要努力研究符合当代学生特点的教学策略，设计符合学生发展需要的课堂模拟活动和课外实践活动，勇于打破传统思维，探索思政课教学的新方式、新方法。

5. 教师要严格自律

教师要做到课上课下、网上网下、人前人后，言行一致，为人师表，只有这样，学生才能真正信服。

三、给学生一生的引领

习近平总书记在学校思想政治理论课教师座谈会上的重要讲话中，对思政课提出了"八个相统一"的要求，对思政课教师提出了"六个方面"的要求。认真贯彻落实这些要求不仅极为重要，而且非常必要。

教育是塑造人的灵魂的工作，而思政课最能体现出我们对人的教育的能力，是对人的价值观、对人的心灵直接产生影响的课，是引领方向的课。习近平总书记说他上初一时，听了政治课张老师念了穆青等同志的长篇通讯《县委书记的榜样——焦裕禄》，几次泣不成声，深感震撼，"焦裕禄精神对我影响很大"。这说明，思政课上好了，确实可以给学生一生的影响。我们要培养的是德智体美劳全面发展的社会主义建设者和接班人，是能够担当中华民族伟大复兴使命的时代新人，思政课在这方面具有独特的功能和价值。希望教师们能给学生心灵播下真善美的种子，引导他们"扣好人生第一粒扣子"，也使自身的素养达到一定的高度。再有学校的重视和支持，相信我们的思政课会让每一个学生真心喜欢，终身受益；让每一位思政课教师在教学过程中展现更多的人格魅力，进而把思想政治教育打造成铸魂育人、立德树人的优质课程。

初中历史教材补充资料：承前启后的
魏晋思想文化

兰州市第六十三中学　张卫龙

人教版义务教育课程标准实验教科书《中国历史》（七年级）改革了教学内容的呈现方式，改变了过去教科书"繁、难、偏、旧"的状况。教师如果仅仅注重完成教学任务，是远远不能满足学生需要的。课本中安排了大量的历史故事、思考题，给学生提出了探究知识的方向，留出了很多的探索空间。教师要充分利用这些空间，引导学生深度思维，自主学习，以获取更多的知识。

基于以上认识，我在教学中对历史资料进行了大量的补充，从多个方面、不同角度提出疑点、问题，让学生参与历史，评价历史，极大地提高了学生了解历史、研究历史的兴趣。

教材《承上启下的魏晋南北朝文化》一章，没有专门涉及魏晋时期的思想文化，我认为这是一种遗憾，现就本课课外资料的补充及运用做如下说明和浅议。

一、魏晋南北朝时期思想文化资料补充的必要性

1. 了解社会现象的重要性

一个时代的思想文化、文学状况是了解一个时代人物、风俗、历史状况以及对人物行为、事件发展方向做出解释的重要依据。了解了一个时期的思想

背景，才能给学生更多的想象空间，评价空间。没有思想的支撑，学生所见到的历史人物，历史事件只能是死的知识，不能成为鲜活的资料和佐证。

要让学生了解这一时期纷繁的社会现象，就要让学生了解当时社会思想、文化状况。

2. 社会思想文化形成"断层"

对于一个时期思想文化的总结，教材在每个时代后面都安排了专门的内容：《中华文化的勃兴》2课、《昌盛的秦汉文化》2课，对社会思想背景都有所介绍，但在《承上启下的魏晋南北朝文化》中却没有涉及这方面的内容。这对于学生理解中国社会思想及文化形成了一个"断层"，这是一种遗憾。

3. 魏晋南北朝时期的历史意义

魏晋南北朝时期，正是中国历史上战乱不断、社会动荡，在思想上儒（名教）、道（玄学）、佛三家争鸣、互有起伏的时期，也是中国历史上具有重大意义的一个时期。在中国文化史上，是一个思想解放的时代，是"文学的自觉时代"（鲁迅《魏晋风度及文章与药及酒的关系》）。特别是处于这一时期的竹林七贤，用他们的气度、行为、文章奏出了时代的最强音，也以难以逃避的政治悲愤奠定了他们在中国文学史上的地位，唱响了个性解放的主旋律，对个人价值进行了深入思考。

4. 文史结合

文史自古不分家。一个时代的文学现象，也折射出了一个时代社会状况。文史结合起来讲解，有利于历史课堂的生动形象丰富内涵，更有助于学生综合素质的提高。教师通过历史教学，使学生正确理解这一时代思想、文学，不仅对知识补充有着重要意义，而且必然对学生个性、人生观的形成，都会产生良好的正面影响。

二、关于补充资料的说明

（1）本补充资料中的引用资料，主要来源于《晋书》，其他书籍及文章加以补充，作者已注明出处。

（2）本补充资料适用于教师研究和教学参考，并不要求把所有补充知识都在课堂教学中完成。

三、补充资料并论

1. 魏晋时期的、思想、文化背景

（1）社会政治背景

① 政权长期分裂、社会动乱、战争频繁、普通民众灾难深重、民族矛盾尖锐，是这一时期社会的主要特点。

② 自汉末大乱，豪强割据，军阀混战，最后形成了三国鼎立的局面，220—223年，曹丕、刘备、孙权先后称帝。这一时期，战争之多，数不胜数，魏蜀汉之间的战争长达四十多年，他们还要为扫清周边障碍不断出兵，司马懿平定北部，诸葛亮七擒孟获，安抚南方。如此大规模、长时间的战争，给人民带来的灾难是空前的。

当时的统治集团腐朽荒淫、内部矛盾重重，斗争激烈，造成了社会的不稳定，也是这个时期出现山林隐士、玄学流行的一个原因。魏文帝大造宫殿，掠夺美女，淫侈无度。曹氏与司马氏的斗争也非常残酷，249年，司马懿杀大将军曹爽，魏国名存实亡。司马氏为掌魏国大权，对曹氏集团进行了血腥清洗，原依附于曹氏集团的文人不与之合作者自然难逃厄运。263年司马昭灭汉，265年晋武帝司马炎灭魏自立，大封国王和异姓士族，提倡奢侈，导致西晋很快衰落，280年，晋武帝灭吴，全国暂时统一。

③ 魏晋南北朝政治生活中最重要的现象，是士族门阀制度的存在。与士族对立的称呼是庶族、寒门。"它们之间的根本区别不是基于官职的高下或财产的多寡，而是基于宗族的血统。"（章培恒、骆玉明《中国文学史·概说》）士族子弟，拥有许多政治特权，有自己的庄园、私人武装和大量的依附农民，是一支有很强独立性的社会力量。曹丕为做皇帝，采用"九品官人"制度，承认士族有政治上的特权，以换取他们的支持。当时的司马氏集团就是典型的高级士族，在晋武帝时，门阀制度发展到了极致。政权有兴替，朝代有更迭，士族作为一个社会阶层，其地位却很少受影响，特别是大的士族，统治者要想巩固政权，就得依靠他们。而中下级士族的情况就没有他们乐观，所以他

们往往也成为反对士族的一股力量。

之所以说魏晋时期在中国历史上具有重大意义，主要表现为三个方面：一是经过战乱，黄河流域的经济遭到严重破坏，南方经济逐步发达，中国经济的重心已从黄河流域逐渐转移到长江流域；二是汉魏以来，我国西部和北部的少数民族开始大量内迁，这一时期的民族矛盾虽然十分激烈，但各族人民逐渐走向和睦相处，并且终于形成民族的大融合，极大地丰富了汉族的文化；三是从社会思想来说，魏晋南北朝时期的社会思想显得自由活跃，各种学说同时并兴，是我国历史上又一个思想解放的时代。

（2）文化思想背景

清谈玄学是魏晋时期地主阶级的一种思潮，是当时比较突出的一种意识形态。玄学是清谈的主要内容，玄学也使清谈愈加玄虚。从历史的发展来说，玄学与秦汉文化中讲到的老庄思想是一脉相承的关系，玄学的内容是以老庄哲学为基础的。东汉末，对儒学感到厌倦的士人，利用老庄哲学标榜"自然"和"无为而治"等基本特色，将它改造发展为新的思想，借以摆脱传统力量的束缚。到曹魏末年，由于政治环境的残酷，许多文人既无法忍受又难以公然反抗，于是纷纷寄情药酒，行为放旷，不尊礼法，以表示他们对现实的不满和不合作。及至魏晋，这一思潮在社会中更加深入和普遍。魏晋南北朝这一股背弃儒教、提倡老庄所谓"自然"哲学的社会思潮，其根本性的内涵是对个性价值的重视，他们所要得到的是更大的精神自由，是个人选择其生活方式的权利。夏侯玄、何晏、王弼就是正始年间（240—248）的清谈玄学家的代表人物，他们为曹氏集团服务，最后为司马氏所杀。"竹林七贤"也处于这个时期，但他们情况又不同。

佛教从两汉之际传入中土，在魏晋之际，逐渐发展，但一直没有多少社会影响，南北朝时，佛教才进入鼎盛时期。

2. 竹林七贤与魏晋风度

竹林七贤的有关事迹资料及评论多见于《晋书》《世说新语》和《太平广记》，以下引用以晋书为准，后二书记载作补充。

（1）阮籍（210—263）

阮籍，字嗣宗，陈留尉氏（今河南蔚县）人。是建安七子之一阮瑀的儿子。《晋书·阮籍传》说"籍容貌瓌（同'瑰'）杰，志气宏放，傲然独得，任性不羁，而喜怒不形于色……博览群书，尤好《庄》《老》，嗜酒能啸"。由此，我们可以大致看到阮籍的行为、性格、才能。也正是他的"才"和"任性不羁"，才导致了他痛苦而矛盾的一生。曹爽曾召阮籍为参军，他托病辞官归里。正始十年（249），司马懿杀曹爽而独专朝政。阮籍本倾向于曹魏皇室，对司马氏集团怀有不满，但迫于司马氏的淫威，也不得不应酬敷衍、明哲保身。他接受司马氏授予的官职，先后做过司马氏的从事中郎，当过散骑常侍、步兵校尉等，因此后人称之为"阮步兵"。司马氏对他采取容忍态度，对他放浪佯狂、违背礼法的各种行为不加追究，最后得以终其天年。

（2）嵇康（223—263）

嵇康，字叔夜。谯郡（铚县）（今安徽宿县）人。"康早孤，有奇才，远迈不群"（《晋书·嵇康传》）。早年丧父，家境贫困，但仍励志勤学，文学、玄学、音乐等无不博通，曾和向秀当过铁匠。他娶曹操曾孙女长乐亭主为妻。曾任中散大夫，史称"嵇中散"。嵇康不但是文学家、音乐家，还是一位养生家，他常"采药游山泽"（同上），采石服药，是当时药石养生的忠实信徒。司马昭曾想拉拢嵇康，但嵇康倾向皇室一边，又是曹氏姻亲，对于司马氏采取不合作态度，因此颇招忌恨。司马昭的心腹钟会想结交嵇康，受到冷遇，从此结下仇隙。嵇康出面为吕安辩护，钟会即劝司马昭趁机除掉吕、嵇。当时太学生三千人请求赦免嵇康，愿以康为师，司马昭不许。临刑，嵇康神色自若，奏《广陵散》一曲，从容赴死，时年四十岁。

（3）其他五人只作简单介绍

山涛（205—283），字巨源，西晋河内怀县（今河南武陟县）人。"涛早孤，居贫，少有器量介然不群。性好《庄》《老》，每隐身自诲。与嵇康、吕安善：后遇阮籍，便为竹林之交，着忘言之契。……涛年四十，始为郡主簿"（《晋书·山涛传》）。可见山涛也是通过自我奋斗而成为士族的。山涛见司马懿与曹爽争权，就隐身不问事务，司马师执政后（251年），山涛欲倾心依附，后来被举秀才，还封了郎中。司马昭镇压钟会，山涛也去帮忙，司马昭当了晋公，山涛主张以司马炎为太子，所以司马炎代魏称帝时，任山涛为大鸿胪，加奉车都尉，晋爵新沓伯。后来因裴秀的事"出为冀州刺史，甄拔隐屈，搜访贤才三十余人。入为侍中，迁吏部尚书、太子少傅、左仆射等"。得到了司马氏集团的信任，他的官越做越大，这时，他就多次以老、病辞官，"皆不准。后拜司徒，复固辞，乃归家"。

向秀（约227—约272），字子期。河内怀（今河南武陟西南）人。"清悟有远识，少为山涛所知，雅好老庄之学"（《晋书·向秀传》）。他少年非常聪明，被山涛赏识，与嵇康、吕安的关系非常好。向秀本隐居不出，景元五年（263年）嵇康被害后，在司马氏的高压下，他不得不应征到洛阳。后任散骑侍郎，又转黄门散骑常侍，但"在朝不任职，容迹而已"。魏晋时，老庄之学非常流行，向秀好老庄之学。当时《庄子》一书虽颇流传，但旧注"莫能究其旨统"（同上），向秀作《庄子隐解》，解释玄理，影响很大，对玄学的盛行起了推动作用。

刘伶（约221—约300），字伯伦，沛国（今安徽宿县）人。"身长六尺，容貌甚陋。放情肆志，常以细宇宙齐万物为心"（《晋书·刘伶传》）。他长得丑，胸中却有广阔的天地。魏末，曾为建威参军。晋武帝泰始初，召对策问，强调无为而治，遂被黜免。他反对司马氏的黑暗统治和虚伪礼教。为避免政治迫害，就嗜酒佯狂，任性放浪，直到老死。刘伶的事迹，多与他饮酒有关系。酒瘾之大，酒量之大，无人能及，所以他被称为酒圣。他的文章不多，唯《酒德颂》一篇，另有《北芒客舍》诗一首和《咒辞》一篇。

阮咸，字仲容，生卒年不详，西晋陈留尉氏（今属河南）人。他是阮籍的侄子，与阮籍并称为"大小阮"。历官散骑侍郎，补始平太守。他狂放不拘礼法，善弹琵琶，为当时著名的音乐家。他的任性与旷达较阮籍更甚，他不愿与俗人相交，朋友很少，平时只和亲友知交弦歌醑饮。他的行为也体现了对俗人的鄙视，对礼法和生活常规的否定。他不如其他六人有名，他的文学创作一点也没有保留下来，但他却在音乐史上留名千古。"元行冲宾客为太常少卿时，有人于古墓中得铜物似琵琶而身正圆，莫有识者。元视之曰：'此阮咸所造乐也'……今呼为阮咸者是也。"（《太平广记·乐一》出《因史异纂》），以后，凡是中国琵琶乐器全得了"阮咸"的别名，阮咸于是得以与中国音乐史同垂不朽。

王戎（234—305），字濬冲，琅邪临沂（今属山东）人。西晋大臣。幼颖悟，神采秀彻，善清谈，他是竹林七贤中最庸俗的一位。晋武帝时，历任吏部黄门郎、散骑常侍、河东太守、荆州刺史，晋爵安丰县侯。后迁光禄勋、吏部尚书等职。晋惠帝时，官至司徒。王戎苟媚取宠，热衷名利，立朝无所匡谏。庸俗与贪婪是王戎的特点，同样也是后人对他的评价。

（4）竹林七贤所表现出来的魏晋风度

世人常说竹林七贤个个放旷不羁，醉歌纵酒，雅士风流。宋人叶梦得说："晋人多言饮酒，至于沉醉，未必真在乎酒。盖时方艰难惟托于酒，可以疏远世故而已。陈平、曹参以来，已用此策……传至刘伶之徒，遂欲全然用此，以为保身之计，……饮者未必剧饮，醉者未必真醉耳！"魏晋风度的表象，是放浪形骸，疏远世故，而其实质却是对个性的极度张扬和对人精神自由的追求；以表面的放达来宣泄对政治的不满。内在的追求与外在的否定是紧密相连的。表面上的颓废与消极，背后深藏着激励人心的情绪和个性解放的呼声，是人的觉醒。从建安到魏晋，人们对人生坎坷、欢乐少有悲伤长多的感叹，是时代的主旋律。他们在生活上追求远离政治，自在逍遥，似乎是如此的颓废、消极，而实质恰恰深蕴着对人生、命运、生活强烈的追求欲，对个人价值的重新审视和肯定，形成了具有鲜明特色的魏晋风度。

浅谈高考作文中应注意的几个问题

兰州市第六十中学　常志睿

作文是学生思想认知水平和文字表达能力的具体表现，是综合语文能力的体现。能全面展示学生的个性和多方面的知识。它既体现了一个人的知识水平和思维能力，又体现了语文知识的运用能力和阅读水平的高低，最能代表学生的语文水平。可以说掌握了作文也就基本上掌握了语文。因此，结合笔者的教学经验和高考培训过程中所获得的信息，来谈谈高考作文中应注意的几个问题。

一、字

字，即字迹工整，这是最低要求，也是每个学生应有的基本素质。字是人的文化形象，字是影响阅卷教师情感的第一要素。工整的字迹也是让教师看懂你文章的前提，否则，再好的立意也让人无法领略。有人说学好语文不如写好一篇作文，写好一篇作文不如写一笔好字。可见，写好字是多么重要。

二、意

意，就是审题立意要准确。这对作文来说，犹如驾驶载满乘客的列车司机，稍有不慎，将偏离轨道，甚至造成难以估量的损失。可见，作文的审题立意对学生来说，至关重要。它的准确与否，直接关系着学生的语文成绩的高低，关系着学生的理想是否能够实现。最佳的审题立意就是符合"命意"，即命题者的意图。

三、体

体，即遵循文体，明确每一种文体的特点与写法，然后照章办事。文章是个载体，它承载的是思想，不同的载体有不同的特点。审题也隐含着对文体的选择，尽管试卷上标明文体不限。一旦选定文体，就必须遵循，且最忌四不像。熟知四大文章体裁：记叙文、说明文、议论文、应用文。当然，诗歌也应懂得其写法。

四、理

理，就是条理清晰、道理通透。条理清晰就是要做到有理有序：理是内容，序就是条理。做到文章条理清楚有这样几种方法：写记叙文时，遵循六要素，顺叙、倒叙均可，线索要清楚。而议论文则要论点简洁明确，位置明显；论据要典型概括，突出重点；结构可采用分论点（画面）排比式，起承转合式，重章叠句式，同时恰当运用中心句、过渡句，显示文章的结构框架；道理通透就是摆事实、讲道理，让人信服，同时进行思辨分析论证。

五、新

新，即力求出新，就是从所给材料之中看出非同一般的观点，力求观点新；对同一问题从不同角度、不同方面分析出其中的新解；对不同的问题、事件、人物等有新视角、新见解，不能墨守成规，而要推陈出新；在论证的过程中，材料要新，或挖掘耳熟能详的材料中的新意，力求论证充分，让阅卷老师眼前为之一亮。

六词

词，即用词要讲究文采。富有文采的作文在高考中将备受青睐，因为语言是考生语文能力最直接、最重要的载体，从中可以折射出学生的语言修养、思维品质、人文情感等个性特征。虽然大多数学生也懂得作文要讲究文采这一道理，但在实际写作过程中尤其是在写议论文时仍写不出文采。为此，我们可采用以下方法：灵活运用句式长句、短句、整句、散句、设问、反问等；也可以恰当使用辞格，如比喻、排比、拟人、夸张等修辞手法；还可以运用艺术手法，如悬念、照应、欲擒故纵、欲扬故抑等。这些手法的运用将大大增加文章的文采，增强阅卷老师的认可度，从而为获得高分奠定基础。

七、数

字数够不够直接关系到阅卷老师的第一印象，大部分阅卷教师会认为字数不够就是残文，就是不符合要求的文章。虽然考纲中明确规定，字数不够每50字扣1分，但事实上教师的意念中扣的不仅是这个分数。因此写作文一定要把好字数关。在高考中必须在800字～850字。太长也会给人啰唆之感，只要把道理讲清楚，让人信服你的观点即可。

八、忠告

（1）不写敏感话题。所谓的敏感话题就是一些带有偏见、不符合历史主流的、历史上还没有定论的事件，如"美伊战争""美利战争"等。因为我们作为初出茅庐的学子，由于社会阅历、知识层次等方面的原因，还不能够对这些事件进行准确定位和评价。若言语有失，将会给自己带来极大的损失。同时我们应该有一个积极健康的心态，冷静客观地分析所给材料，写出符合当代中学生和时代特点的文章。

（2）不要轻易在文体上创新。

（3）不要轻易写文言文、诗歌。

（4）下笔之前要成竹在胸，要舍得花时间进行构思。

（5）要在平时练好作文的基本功，不打无准备之仗，机会总是给有准备的人的，时常坚持热身，保持状态。

以上是我几点粗浅的认识，希望给各位同仁在作文教学中贡献一点绵薄之力，若有不当，望各位批评指正。

如何在合作交流中独立思考和自主探究

兰州市第八十二中学　陈国浩

合作学习是新课程改革所倡导的三大学习方式之一，其重要性、必要性不言而喻。在数学课堂中开展合作交流，既可营造一种学生参与教学过程的氛围，使学生能够主动思考，发表意见，充分发挥认知能动性，又可活跃学生思维，增大思维强度，从那些与自己不同的观点和方法中得到启发，从而使学生对问题的理解更丰富和全面，还可弥补教师一个人不能面向所有学生进行教学的不足，通过学生之间的互动，形成知识技能的互补，达到"人人教我，我教人人"的目的。然而，在具体的教学实践中，教师经常有这样的困惑和徘徊：强调了合作学习，独立思考、自主探究有没有滋生的土壤？如何看待和处理合作学习与独立思考、自主探究之间的关系？的确，合作学习与独立思考、自主探究是两种相对独立的学习方式，但它们并不矛盾。孔子云："学而不思则罔，思而不学则殆。"这句名言辩证地阐明了学与思的关系。学源于思，思又引出学。从这一角度看，独立思考与合作学习应该是一个纵横交织的共同体，它们互相依赖，缺一不可。那我们如何在合作交流中让学生独立思考和自主探究呢？

一、创设有意义的情境，激励学生既独立思考又合作交流

在"讲授新课"这一过程中，教师创设有意义的问题情境和数学活动，激励每一个学生在动脑观察中独立思考，鼓励学生发现问题、提出问题，并与

同伴进行交流。进而引导学生思考计算方法，组织学生交流计算方法，使学生在自主探索与合作交流中明白了算理，掌握了算法。

例如在教学《打折销售》时，笔者设计了这样一个开头："听说国芳百盛袜子专柜一双袜子标价100000元……"还没等我说完学生就一阵惊呼。笔者又故弄玄虚：人们都蜂拥而至，想一睹为快，看个究竟，看看到底是多好的袜子。结果却抢购一空，断货了，为什么？学生都述说着自己的理由，接着教师带领学生探索打折销售的相关知识。"心求通而未得，口欲言而不能"，由好奇而引发求知欲，教师创设的情境一下子激发了学生的学习热情，在学习中学生先独立思考再合作交流，取得了良好的教学效果。

二、独立思考，自主探究后激发学生"渴望"合作交流的意识

在初中数学教学中，独立思考、自主探究和合作交流之间表现出相互依存、相互促进的对立统一关系。没有独立思考的合作交流，只是形式上的合作；没有自主探究的交流，只是信息的单项传递，不会产生共鸣和惊奇。因此，独立思考、自主探究是合作交流的前奏，可以激发学生参与合作交流的欲望。如教学"特殊四边形"时，讲完长方形和正方形的特点后，让学生在教室里找出长方形和正方形，通过观察和独立思考，学生发现黑板是长方形，门是长方形……窗户是正方形，再让学生思考长方形和正方形有什么相同的地方和不同的地方？学生开始思索，有的在比画，有的紧锁眉头，有的喜不自禁，急着说出自己的想法，非常渴望得到教师和同学们的认可，最后通过汇报和集体探讨达成了共识。用林语堂的话形容儿童独立思考后的合作交流最合适："吃花生必须吃带壳的。一切味道与风趣全在剥壳，剥壳愈有劲，花生愈有味道。"

当学生面对问题，有的在独立思考、自主探究的基础上找出了解决问题的方法或途径，作为一个"发现者、研究者、探索者"，带着一丝激动，急切想把自己的观点、想法无比自豪地讲出来，让同学们分享他的智慧成果，让同学们赞扬他的想法，这时他多么渴望与人合作交流啊！有的学生在探索的基础

上遇到了疑惑，这时他们同样也渴望合作交流，希望在交流中能开拓、补充、修改自己的想法，争取早点找出解决问题的方法。因此教师在课堂上应很好地利用学生的这种心理，因势利导地组织教学，激发学生的学习热情。

三、独立思考、自主探究与合作交流要有机结合

在数学课堂教学中，并不是只需要合作学习。合作学习离开了学生独立思考和自主探究，就如同无源之水，会逐渐枯竭，也就达不到合作学习的目的。试想如果学生没有先独立思考，而是直接合作，在课堂上缺少独立学习，长此以往，学生的自主学习能力将丧失，依赖他人的心理会加重，学生以后在人生中将难以独当一面。教师在教学中，当提出一个问题后，首先应给学生充分独立学习的时间，然后组织学生小组合作学习，在组内交流自己的看法，形成"统一"意见后，再到全班进行交流，再次形成"统一"意见，使学生形成正确认识，并在这一过程中体验积极的情感。

1. 寓独立思考于合作开始之前，达到铺垫之效

爱因斯坦说过："学校的目标应当是培养有独立行为和独立思考的个人。"独立思考、自主探究能力是合作学习技能的重要组成部分。一般来说，在合作交流前，应该让学生独立思考，使得每一个学生对每一个数学问题都有自己的想法，都能够独立地尝试解决问题，让学生独立地经历解决问题的过程，感受解决问题的快乐，并尽可能地用多种不同的方法，这时再合作交流，达到融会贯通、巩固提高的目的。

2. 寓独立思考和自主探究于合作过程之中，达到互补之效

心理研究表明，真正有效的思维训练是在"静"中完成的，思维的极限也是在"静"中挖掘出来的。无疑，这里的"静"是指个人的独立思考。笔者认为，合作学习是一个交往的过程，是一个互动的过程，而独立思考则是一个自主的过程，是一个内化的过程。为此，在教学中寓独立思考于合作过程中，做到"动""静"结合，"存异"与"求同"结合，从而达到课堂教学的最佳效果。

例如，在教"一元二次方程的解法"时，要求学生解出方程 $(x-3)^2=2$

（3−x）的解，先要求学生自己动手解决，提问："方程（x−3）^{2}=2（3−x）的解等于多少？你是怎样想的？"给学生思考的时间。有的学生开始跃跃欲试，再提出要求："在小组里说说你的想法，再听听别人的想法，看哪个小组想得方法多？"学生开始在小组里讨论，交流解法。我认为在这一过程中，学生不仅自我学习能力得到了锻炼，而且有效地掌握了计算方法，通过对比再实现算法的优化，获得了积极的情感体验，进而形成正确的学习观。

因此在教学活动中，凡是学生能够探究得出的知识，教师不要直接告诉；学生能够独立思考的问题，教师不要暗示；学生能独立操作的，教师不要代替。教师应为学生提供充分的自主探究的时间和空间，让学生根据自己的体验，用自己的思维方式，自主地去探究，去发现有关数学的知识。教师在这个过程中应激发学生的学习积极性，给学生提供充分从事数学活动的机会，帮助他们在自主探究和合作交流的过程中真正理解和掌握基本的数学知识与技能、数学思想和方法，获得广泛的活动经验。同时，教师还要让每一个学生积极地参与到探究的过程中，使学生真正做到"知其然，而且知其所以然"。

总之，课程改革必将引发一场教学方式的变革，作为教育活动的实践者，我们将积极投身到这场变革中去，探讨教学方法，努力改进教学方式，深入开展教学研究，教学过程中如果能够让学生在独立思考和自主探究的基础上开展合作交流，在合作交流的过程中独立思考，让它们相得益彰、相辅相成，就一定能促进教学质量的提高。

参考文献：

［1］刘兼，孙晓天.数学课程标准（实验稿）［M］.北京：北京师范大学出版社，2002.

［2］［新西兰］戈登·德莱顿，［美国］珍妮特·沃斯.学习的革命［M］.顾瑞荣，陈标，许静，译.上海：三联书店，1997.

［3］郭思乐.教育走向生本［M］.北京：人民教育出版社，2001.

［4］茅永华.注重问题设计提升数学教学［J］.中学数学杂志（初中），2006（1）.

新课改背景下德育教育的困境与思考

兰州市第八十二中学　陈国浩

新课改高举张扬学生个性的大旗，着力改变传统的教育观念，多年的努力也使得沉寂的教育悄然发生着变化。越来越多的学生变得越来越不听话，他们顶嘴，他们另类，他们狂妄，他们越来越与其父辈的观念相左。

问题是当学生的主体意识日益增强、个性化倾向日趋明显、批判欲望逐渐加强之后，我们的教师将如何应对。实际的情况是，我们的改变没有完全适应飞速发展的时代，甚至还停留在过去，用老眼光老办法来看新问题，因而常常会看到这样的现象：有的教师看不惯学生的表现，任由学生发展，显得无可奈何；有的教师则会表现得极不理智，或骂之，或罚之；有的教师动辄请家长或送交思政科处理。师生之间矛盾重重，彼此怨恨，各自以不同的方式发泄他们心中的不满。

一、对教育现象的思考

新的教育现象，迫使我们教师做出思考。

（1）民主意识的增强使得学生对教师的要求变得空前的强烈，他们觉得教师要求他们做到的，教师也要做到；他们要求自己和教师在精神上应当是平等的。因而，对教师自律的要求也变得空前的强烈。

（2）个性的张扬使得今天的学生变得很难接受批评。教师要有耐心，尤其是班主任，要调整心态，不要总按过去的眼光来看今天的学生，要学会宽容、忍让，学会站在学生的角度思考问题。

（3）信息时代的到来，不断刺激着学生对求知的欲望，他们对教师的专业水平的要求也相应提高，所以，教师要有明确的角色定位，要提高职业技能、专业水平，这里指的专业水平不是指学科水平，而是指作为教育工作者的教育意识、教育眼界、教育策略和教育方法。教师不能把自己仅仅定位在知识的传播者这一角色上，更不能简单地把自己当作家长的角色。

因此，面对日益发展的教育形势，教师一定要研究教育策略，走出德育教育的困境。新课改主张鼓励学生，发现学生的优点，张扬个性，这些并不意味着教师要以放弃教育批评的功能和手段为代价，但需要有相应的批评教育的策略。事实上，我们都十分清楚，成长需要两种力量：一是关爱的力量，一是批评的力量。有时批评的力量比关爱显得更有必要。因此严肃的问题摆在今天的教师面前：我们应当拥有怎样的批评武器？我们是否构建了一套成熟有效的批评反思的策略？现实的情况告诉我们，我们在这方面显得力乏技穷。辱骂、体罚（变相体罚），交给班主任或相关部门领导，请家长来学校……于是，矛盾不断激化，形成恶性循环；当自己发现所有的手段用完后，会感到很无奈。教育中的许多悲剧常常就源自教育行为的简单粗暴、缺乏教育艺术。

二、如何提高教师职业素养

现实需要我们教师提高从事教育职业的素养，提高教师个人的行为品质素养。笔者以为以下策略可供参考。

1. 身正才能正人

我们要获得学生的尊重，不仅要学会尊重学生，更要思考自己有哪些品质值得学生尊重。如果教师个人素质不高，就很难赢得学生的尊重。谨记道德教育的第一条原则就是不要伤害学生，对学生的利益要特别关注。道德教育意味着教师要身体力行地体现教育的原则。我今年担任的是初一班主任，学生动手能力较差，刚开始时，卫生总是打扫不干净，后来，在一次班会上，我将这样一条加入了班规：班主任迟到一次打扫一天的教室卫生，第二天的时候我故意迟到了，可是等我到教室的时候，卫生已经被打扫得干干净净了！学生见到我的第一句话是："老师你迟到了！"于是，我和学生一起认认真真地做了一天的卫生。从那以后，学生知道应怎样打扫卫生了。

2. 教学是教师职业的生命，也是保证教师获得学生欢迎的基础

教育的成功常常源自教学的成功。因而着力提高自己的教学艺术，是提高德育教育效果的重要手段。一个有效的教学活动是一定要将教育的行为渗透到教学的过程中的。

3. 习惯造成品行，良好习惯的养成是德育教育成功的保证

德育教育不能仅从讲大道理入手，更多的是要从生活的小事抓起，从他们的衣着、发式、妆饰、坐姿、言语等细小的方面入手。细节决定成败。用生活中的事例和学生关注、喜欢的事例教育学生，多从正面讲清道理。

4. 了解学生的秉性爱好，有针对性地进行教育

教师与学生同步成长，不仅仅是指在教学的层面，在兴趣爱好、行为习惯、认知方式等方面都有必要与学生一同成长；道德的教育意味着要设立一个高标准和预期目标，并激励学生去实现，也促进教师思考实践。

5. 要研究批评学生的方法

教师不能不分场合、时机、对象去批评学生，要时刻想到为改变学生留有空间，给学生一点面子，一点自尊，不能一棍子打死；寻找转变学生的契机，当下不能解决的就不妨等待下一次机会，心急是做思想工作的大忌；性格不同的学生要用不同的方式方法，不能手段单一，要找到因人而异的对策。批评的艺术实际上就是交往的艺术，不要夸大批评的作用，而要让批评成为相互交往交流的方式之一。

总之，面对今天悄然变化着的学生，教师迫切需要从改变自己开始，更新自己的教育观念和教育方法，不断适应时代的发展需要，这样我们才能担当起引领一代人向前的重任。

品格——学生礼仪培养

兰州市第九十二中学　康友喜

一、礼仪的起源与嬗变

中华民族素有礼仪之邦的美誉，礼仪在中华文化的历史演进过程中起着积极的推动作用。今天，经济的全球一体化和信息共享的网络化把现代人领到了一个无限伸展而又不断浓缩的空间，这就是地球村。在这个有着60亿居民的村庄里，交往和沟通日益频繁，说服和理解越发重要，其中，作为公关"第一印象"的礼仪就更显得不可或缺。礼仪修养，不仅是人们必备的基本素质，而且是社会交往、商务活动和其他各项事业成功的一个重要条件。

1. 中华礼仪的渊源

古人有言："中国有礼仪之大，故称夏；有服章之美，谓之华。"古代华夏族正是以丰富的礼仪文化而受到周边其他民族的赞誉的。早在孔子以前，已有夏礼、殷礼、周礼三代之礼，因革相沿，到周公时代的周礼，已发展得比较完善。孔子是我国历史上第一位礼仪学专家，他把"礼"作为治国安邦的基础。他主张"为国以礼""克己复礼"，并积极倡导人们"约之以礼"，做"文质彬彬"的君子。孟子也重视"礼"，并把仁、义、礼、智作为基本道德规范，他还认为"辞让之心"和"恭敬之心"是礼的发端和核心。荀子则比孟子更重视"礼"，他著有《荦礼论荦》，论证了礼的起源和社会作用。他说："礼者，人道之极也。"把礼看作做人的根本目的和最高理想，把识礼、循礼与否作为衡量人的贤愚和高低贵贱的尺度。因而他强调："人无礼则不生，事无礼则不成，国家无礼则不宁。"管仲则把礼看作人生的指导思想和维持国运的支柱。他说："礼义廉耻，国之四维，四维不张，国乃灭亡。"从这些思想家的言论中不难看出，礼仪是适应调节人际关系的需要而产生和发展的。

我国古籍中，《枟周礼枠》《枟礼仪枠》《枟礼记枠》等就是最重要的古典礼仪专著。我国古代"礼"的概念，包含着丰富的内容，大体可归结为三个层面：一是治理奴隶制、封建制国家的典章制度；二是古代社会生活所形成的作为行为规范和交往仪式的礼制及待人接物之道；三是对社会成员具有约束力的道德规范（包括自身修养）。纵观我国礼仪内容和形式的演变与发展，可以看出"礼"和"德"不但是统治者权力的中心支柱，而且其在几千年的历史发展中形成了许多有广泛社会性与强大号召力的道德规范和人际交往的礼节仪式及生活准则，并且已成为中华民族共同的财富，对中华民族精神素质的修养起到了极其重要的作用。

2. 西方礼仪的起源

在西方，"礼仪"一词，最早见于法语的 Etiquette，原意为"法庭上的通行证"。但它一进入英文后，就有了礼仪的含义，意即"人际交往的通行证"。西方的文明史，同样在很大程度上表现着人类对礼仪追求及其演进的历史。人类为了维持与发展血缘亲情以外的各种人际关系，避免"格斗"或"战争"，逐步形成了各种与"格斗""战争"有关的动态礼仪。例如为了表示自己手里没有武器，让对方感觉到自己没有恶意而创造了举手礼，后来演进为握手。为了表示自己的友好与尊重，愿在对方面前"丢盔卸甲"，于是创造了脱帽礼等。

在古希腊的文献典籍中，如苏格拉底、柏拉图、亚里士多德等先哲的著述中，都有很多关于礼仪的论述。中世纪更是礼仪发展的鼎盛时代。文艺复兴以后，欧美的礼仪有了新的发展，从上层社会对遵循礼节的烦琐要求到20世纪中期对优美举止的赞赏，一直到适应社会平等关系的比较简单的礼仪规则。历史发展到今天，传统的礼仪文化不但没有随着市场经济发展和科技现代化而被抛弃，反而更加多姿多彩。国家有国家的礼制，民族有民族独特的礼仪习俗，各行各业都有自己的礼仪规范程式，国际上也有各国共同遵守的礼仪惯例等。有的国家和民族对不遵守礼仪规范者还制定了一定的处罚规则，有的已把礼仪作为公民就业前的"入门课"，被企业录用的大学毕业生必须先经过严格的礼仪训练，才能上岗工作。

从上述关于礼仪的含义及其源流的叙述中，我们可以清楚地看到：第一，礼仪在中国作为社会秩序的一部分而受到中华民族历代贤良的广泛重视和提倡。第二，礼仪是为维系和发展人际关系而产生的，并随着人际关系和其他社会关系的发展变化而发展变化。它不仅是社会交往的产物，也是国际文化交流的产物。第三，礼仪是施礼者与受礼者的情感互动过程。正如《礼记·曲礼上》所云："礼尚往来，往而不来，非礼也；来而不往，亦非礼也。"第四，礼仪是一种程序，有一定的规则，不是毫无联系的某些行为的堆积组合。第五，礼仪规范、程序是一定社会的人们约定俗成、共同认可的。第六，遵行礼仪是现代人文明的重要组成部分，是人际交往的重要手段和途径。

二、学校的礼仪

一个人一生的成长大多都是在学校度过的，学校是人生中至关重要的阶段，在学校中树立的世界观、人生观、价值观和学到的知识能力，将会在未来的工作中受用不尽。同样在学校中理解和掌握的礼仪要求，也会成为人一生的行为习惯，影响到未来的工作与生活。因此，学生在校期间的礼节礼仪要求就尤为重要。

（一）尊师的礼仪

1. 尊重教师的劳动

教师的辛勤劳动体现在教学上，学生虚心学习，认真听好教师的每堂课，取得良好的学习成绩，这是对教师最大的尊重，没有什么能比这更能使教师得到安慰和喜悦的了。

2. 尊重教师的人格

作为学生应从心里敬重教师，尊重教师的人格。学生和教师谈话时，应主动请教师坐，若教师不坐，学生应该和教师站着说话。同教师谈话，要集中精神，姿势端正，双目凝视教师，有不同看法时，可及时向教师请教、探讨。要虚心接受教师批评，不可当场顶撞教师。

3. 注重礼仪的形式

见到教师应问好或鞠躬行礼；上下课要起立迎送；进教师办公室时要轻轻叩门，然后开门进去，行礼后说明来意；在教师办公室、寝室不能乱翻乱动教师物品；休息时间最好不打扰教师；到办公室或教师家不宜逗留过久，办完事应尽快离开；等等。

学生不仅要尊重自己的班主任、辅导员、任课教师，对学校的其他教育工作者，包括医生、清洁工也应该讲礼仪。

（二）学生课堂礼仪

（1）课前，学生要准备好学习用品，包括本节课所需的课本、笔记本等，一律摆放在课桌左上角。

（2）预备铃响，学生应迅速进入教室安静端坐，静候教师上课。

（3）向教师问好时，态度要诚恳，眼睛看着教师，面带微笑，声音要清晰响亮。

（4）迟到的学生进教室要喊："报告"，经教师批准后方能回座位听课。

（5）课堂上，学生坐姿要端正，注意力要集中，认真听讲，积极思维，勤记笔记，不随便讲话，不翻阅与本课无关的书籍。在进行小组合作讨论时，积极参与，不说闲话，保证课堂活跃而不乱。

（6）回答问题时，要积极举手，发言时身体要立正，态度要落落大方，声音要清晰响亮。

（7）上课期间，不吃零食，不喝饮料，不做任何与学习无关的事情，未经教师允许不得随意离开教室。

（8）自觉遵守课堂纪律，在违反纪律时，要虚心接受教师的批评，不得顶撞教师。

【交流】

如果老师在众人面前冤枉了我该怎么办？

师道既尊，学风自善。——康有为《政论集·在浙之演说》

三、姿态礼仪

（一）着装礼仪

中国有着几千年的文明史和悠久的传统文化，穿着打扮有着我们民族的特色，注重穿着打扮，是现代文明的一种体现。

在正式场合，得体的着装要注意以下几点。

1. 符合身份

符合身份就是要注意男女有别、长幼有别、职业有别、职位有别。

2. 扬长避短

扬长避短要根据自己的形体特点着装，哪里好看展示哪里，哪里不好看就挡起来。

3. 区分场合

（1）公务场合

公务场合指上班时间，要求庄重保守，要穿正装，穿裙装，穿制服。

（2）社交场合

社交场合指参加宴会、舞会、朋友间的聚会，要求时尚个性，就是要与众不同，穿时装、穿礼服、穿民族服装比较好。

（3）休闲场合

休闲场合一般指的是在家休息、观光游览、逛街购物、健身锻炼等场合，要求舒适自然，随意就好，穿牛仔服、运动服、拖鞋、T恤、短裤最佳。

4. 禁忌

（1）裙子、鞋子和袜子不搭配。

（2）重要场合不穿袜。

（3）不宜三截腿，即穿裙子时穿半截袜子，袜子和裙子中间露一段腿肚子。

【知识拓展】

1. 外出、访友、购物的着装原则

在日常生活中，经常会碰到这些场合，你是否都处理得很好呢？

其实，访友、同学会的衣着和上班的衣着没有什么差别，只要不暴露，注意整洁，各类型的服装都很适合。购物的装扮，弹性较大，但是也不要太邋遢，因为你很可能会碰到朋友或熟人，为避免尴尬，还是穿整齐一些。如果你是上街去买衣服、饰品或是皮鞋、礼品之类的东西，我建议你最好穿得讲究一点。一来你会因此而信心十足、精神愉快。二来你可安心地挑选物品，而不会遭到店员的白眼。

丧礼是一个非常严肃的地方，参加丧礼时，衣着务必素雅保守，以往的规矩，衣服必须全黑或者全白。现在人们参加丧礼，多半是在上班前或上班中途前往，为了上班的方便，服装较以往开放一些，只要是素净保守的白色、灰色、深蓝色、深咖啡色、黑色都不会失礼。套装是最适宜的。请勿穿着发光、发亮、透明、性感流行的衣服去参加丧礼，那样会让人觉得缺乏同情心，也会令主人难堪。在这种场合中，最好不要戴装饰品，皮包用拿式的较端庄（背式的太随便）、注意自己的唇膏和指甲油不可太鲜艳，鞋子应该和衣服同为素净的颜色，式样以保守的低跟鞋或半高跟鞋为宜。在追悼后，如果是职业妇女要回办公室上班，可以事先在皮包中带一两样装饰品或丝巾，回来之后戴上，那就是一套适合上班的服装了。

2. 国际社交场合服饰礼仪

国际社交场合，服装大致分为便服与礼服。服装的种类、样式、花色千差万别，因场合不同、季节变化、个人爱好而在穿着上有所差异。从原则上讲，正式的、隆重的、严肃的场合多着深色礼服，一般场合则可着便服。以下介绍几种服装的穿着。

（1）我国的服装

我国没有礼服、便服之分，但一般地说，男士的礼服为上下同色同质的毛料中山装，配黑色皮鞋。便服则为各种样式的外衣与长西裤，配颜色相宜的皮鞋或布鞋。着西装参加正式活动应系领带。总之，应朴素、大方、整洁。

在国内参加对外活动时，男士可穿中山装、西装或各民族的服装。参观游览时，可穿各式便服，穿西装亦可不打领带。夏季出席庆典仪式（包括吊唁活动）、正式宴会、领导人会见国宾等隆重的外交活动，除穿中山装、民族服装、西装之外，还可穿两用衫。女士着裙装、套装应配以皮鞋或不露脚趾的皮凉鞋。不能赤足穿鞋，鞋袜不得有破损。

（2）西方国家的服装

各国人士日常穿着的服装，如各式外衣、衬衣、港衫和各式西装等均为便服。参加各种隆重的典礼仪式则应穿礼服或深色西服。西方传统的礼服有：

晨礼服（Morning coat or Cutaway）：上装为灰、黑色，后摆为圆尾形，下衣为深灰色底、黑条子裤。系灰领带、黑皮鞋，黑礼帽等。这种礼服在白天参加典礼，星期日教堂礼拜以及参加婚礼等场合穿用。

小礼服：也称晚餐礼服或便礼服（Tuxedo, Smoking dinner jacket or Black Tie），为全白色或全黑色西装上衣，衣领镶有缎面，腰间仅一纽扣，下衣为配有缎带或丝腰带的黑裤。系黑色领结，黑皮鞋。穿着这种礼服一般为参加晚六时以后举行的晚宴、音乐会、剧院演出等活动。

大礼服（或称燕尾服）（Full evening dress or Tail coat）：黑色或深蓝色上装，前摆齐腰剪平，后摆剪成燕尾样子。翻领上镶有缎面。下衣为黑或蓝色配有缎带、裤腿外面有黑丝带的长裤，系白色领结。通常搭配黑色皮鞋、黑丝袜、白色手套。

女士的服装种类、样式花色繁多，日常均穿着便服。礼服也可分为常礼服、小礼服和大礼服等。常礼服为质料、颜色相同的上衣与裙子，可戴帽子与手套。小礼服为长至脚背而不拖地的露背式单色连衣裙式服装。大礼服则为一种袒胸露背的单色拖地或不拖地的连衣裙式服装，并佩戴颜色相同的帽子、长纱手套及各种头饰、耳环、项链等首饰。

事实上，除极少数国家在个别场合还有些规定（如在隆重的典礼活动中，禁止女士穿长裤和超短裙）之外，大多数国家在穿着方面均趋于简化。很少有人穿着上述传统的男士礼服参加涉外活动，而穿着燕尾服的人更是微乎其微。目前着装除样式花色繁多的便服外，很多隆重场合男士只是穿着深色质料好的西装。相当数量的国家规定民族服装为礼服，只在国庆、民族节日等重大庆典和最隆重场合穿，其他正式场合着西装。

【交流】

你能说说你所了解的各国或各民族的着装文化吗?

【智慧语录】

君子之修身也，内正其心，外正其容。——宋·欧阳修《左氏辨》

（二）站姿礼仪

举止是指人的动作和表情。日常生活中人的一抬手一投足，一颦一笑，都可概括为举止。

举止是一种不说话的"语言"，能在很大程度上反映一个人的素质、受教育的程度及能够被别人信任的程度。在社会交往中，一个人的行为既体现出他的道德修养、文化水平，又能表现出他与别人交往是否有诚意，更关系到一个人形象的塑造，甚至会影响国家民族的形象。冰冷生硬、懒散懈怠、矫揉造作的行为，无疑有损于良好的形象。相反，从容潇洒的动作，给人以清新明快的感觉；端庄含蓄的行为，给人以深沉稳健的印象；坦率的微笑，则使人赏心悦目。因此，我们在交往中应该让自己成为举止优雅的人。

1. 良好的站姿

站立是人们日常交往中一种最基本的举止。站姿是生活中以静为造型的动作。站立不仅要挺拔，还要优美典雅，站姿是优美举止的基础。

（1）站姿的基本要领

①头正，双目平视，嘴唇微闭，下颌微收，面部平和自然。

②双肩放松，稍向下沉，身体有向上的感觉，呼吸自然。

③躯干挺直，收腹，挺胸，立腰。

④双臂放松，自然下垂于体侧，手指自然弯曲。

⑤双腿并拢立直，膝、两脚跟靠紧，脚尖分开呈60度，身体重心放在两脚中间。

以上为标准站姿，在此基础上还可以有所调整，以下是适用于不同场合的几种站姿。

（2）几种不同的站姿

① 正式场合。

肃立：身体直立，双手置于身体两侧，双腿自然并拢，脚跟靠紧，脚掌分开呈"V"字形。

直立：身体直立，双臂下垂置于腹部。女士将右手搭握在左手四指，四指前后不要露出，两脚可平行靠紧，也可前后略微错开；男士左手握住右手腕，贴住臂部，两脚平行站立，略窄于肩宽。

直立的站法比肃立显得亲切随和些。

② 非正式场。

车上的站姿：在晃动的车（或其他交通工具）上，可将双脚略分开，以求保持平衡，但开合度不要超过肩宽；重心放在全脚掌上，膝部不要弯曲，稍向后挺，即使低头看书，也不要弯腰驼背。

等人或与人交谈的站姿：可采取一种比较轻松的姿势。脚或前后交叉，或左右开立，肩、臂不要用力，尽量放松，可自由摆放，双目须自然直视前方，使脊背能够挺直。采用此姿势，重心不要频繁移动，否则给人不安稳的感觉。

接待员式站姿：脚型呈"O"型的人，即使脚后跟靠在一起，膝部也无法合拢，因此，可采用此种站姿。将右脚跟靠与左脚中部，使膝部重叠，这样可以使腿看起来较为修长。手臂可采用前搭或后搭的摆法。拍照或短时间站立谈话时，都可采用此种站姿。

2. 训练方法

（1）辅助练习

① 提踵：脚跟提起，头向上顶，身体有被拉长的感觉，注意保持姿态稳定，练习平衡感。

② 两人一组，背靠背站立：脚跟、脚肚、臀部、双肩和后脑勺贴紧。此练习可训练站立时的挺拔感，为加强效果可在五个触点夹上夹板。

③背靠墙练习。

（2）站姿注意事项

站立时，竖看要有直立感，即以鼻子为中线的人体应大体成直线；横看要有开阔感，即肢体及身段应给人舒展的感觉；侧看要有垂直感，即从耳至脚踝骨应大体成直线。男女的站姿亦应形成不同的风格。男士的站姿应刚毅洒脱，挺拔向上；女士应站得庄重大方，秀雅优美。

站立时切忌东倒西歪，耸肩驼背，左摇右晃，两脚间距过大。站立交谈时，身体不要倚门、靠墙、靠柱，双手可随说话的内容做一些手势，但不能太多太大，以免显得粗鲁。在正式场合站立时，不要将手插入裤袋或交叉在胸前，更不能下意识地做小动作，如摆弄衣角、咬手指甲等，这样做不仅显得拘谨，而且给人一种缺乏自信、缺乏经验的感觉。良好的站姿应该有挺、直、高的感觉，真正像松树一样舒展、挺拔、隽秀。

【知识拓展】

奥运礼仪小姐培训：头顶书腿夹纸，咬筷子数牙齿，高梳云鬟，淡扫蛾眉，嘴角边总是挂着优雅的笑容。

这就是在"好运北京"系列测试赛上礼仪小姐给人的第一印象。为了展现中国礼仪之邦的风采，北京奥组委一直致力于创建一支优秀的礼仪团队，而测试赛正好成了该团队培训和组建工作的依据和基础。于是，从2008年6月初开始，北京奥组委便在北京多所学校进行了礼仪志愿者的选拔。为了承担赛事颁奖礼仪工作，她们究竟付出了怎样的辛苦？记者当年走进了这支"礼仪小姐国家队"进行了采访。

1. 鞠躬：角度和时间要一致

负责颁奖礼仪志愿者培训的袁春颜老师说："其实颁奖礼仪志愿者培训和空姐培训大致相同，唯一不同的就是在服务时是单独服务还是群体服务的区别。"

袁老师解释说："比如在颁奖时，几名志愿者有同时转身的动作，脚步就要一致。再比如，在颁花鞠躬时，向前是以髋关节为轴，向下15度到30度。由于颁花时是多人一组，在鞠躬时，经常出现时间不统一、动作不整齐的情况，所以要求我们心里要有一个一致的节拍。"

2. 托盘：水上颁奖也要平稳

袁老师边演示动作要领边说："托盘的动作也有要求，手臂与侧腰大约是一拳远的距离，端托盘时，大拇指是露在托盘外面的。在训练中最有难度的就是控制步速和颁奖衔接。控制步速就是在颁奖时，几名礼仪颁奖志愿者在行走了一段距离之后，她们之间的间距还应该是一样的，大概是三四十厘米。"

此外，针对特殊的颁奖环境，志愿者们还要进行特殊训练。例如在北京奥林匹克水上公园进行的赛艇比赛，颁奖码头是浮在水面上的，颁奖志愿者们要做到身体不晃动，而且手中托盘也要平稳。为了练就水上颁奖的"绝活"，保证身体平衡，她们每天要进行100多次训练。

3. 站姿：头顶书腿夹纸

"让我印象最深的是礼仪培训中练习站姿、行走、步速、转身、微笑。为了让我们在颁奖时身姿更挺拔、步速更到位、转身更整齐、笑容更自然，每个动作我们都要分解练习成百上千次。"礼仪志愿者郝婧钰说，"拿站姿来说，这可并不像我们想象中站着那么简单，每名礼仪志愿者必须穿着5厘米高的高跟鞋，头上顶一本书，两腿膝盖间夹着一张普通的白纸。一站就至少一个小时，不论是书还是纸都不可以掉下来，否则就得重做。等到休息时，两条腿连打弯都特别疼。"

郝婧钰说："还有行走、步速、转身等分解练习也是一样。每个人的脚都磨出大大小小的水泡，然后水泡被磨破，之后又被磨出新的水泡，如此周而复始，最后，我们的动作终于整齐划一了。"

4. 微笑：咬着筷子数牙齿

礼仪小姐的笑容也很重要。中国传统文化中，美女是"笑不露齿"的，但这样的笑容显得过于含蓄，不太符合西方友人的审美观念。如何将这两种美丽有机结合在一起，成了大家面临的难题，"嘴张大了不行，小了也不可以，甚至对露出的牙齿数都有严格的要求"。于是，姑娘们每天对着镜子练微笑。老师要求每个人在练习笑容时，嘴里都要咬着一根筷子找感觉。"这样一笑就得几十分钟，笑得连脸部肌肉都麻了。"

这也许是这些姑娘们经历过的最残酷的一次集训，除了练习形体之外，还有奥运知识的专业课程培训，作为奥运会的礼仪小姐，丰富的奥运知识储备也非常必要，用一个成语来讲，这就叫作文武全才。

【练兵场】
以小组为单位进行站姿表演。

【智慧语录】
站如松，坐如钟，行如风，卧如弓。

（三）表情礼仪

美国心理学家詹姆斯·麦克奈尔教授认为，有笑容的人在管理、教导、推销上更能成功，更可以培养快乐的下一代。真诚的微笑不但可以让人们和睦相处，也给人带来极大的成功。

表情是人体语言中最为丰富的部分，是内心情绪的反应。人们通过喜、怒、哀、乐等表情来表达内心的感情。在人际沟通方面，表情起着重要的作用。优雅的表情可以给人留下深刻的第一印象。当然，把握表情，并不是一件容易的事。从大体上说，人的眼神、笑容、面容是表达感情最主要的三个方面。美国心理学家艾伯特·梅拉比安把人的感情表达效果总结为一个公式：感情的表达=语调（7%）+声音（38%）+表情（55%）。

1. 对眼神的要求

眼神，能够最明显、最自然、最准确地显示一个人的心理活动。

（1）注视的时间

注视对方时间的长短是十分有讲究的。

① 表示友好。向对方表示友好时，应不时地注视对方。注视对方的时间约占全部相处时间的1/3左右。

② 表示重视。向对方表示关注，应常常把目光投向对方那里。注视对方的时间约占相处时间的2/3。

③ 表示轻视。目光以常游离对方，注视对方的时间不到全部相处时间的

1/3，就意味着轻视。

④ 表示敌意。目光始终盯在对方身上，注意对方的时间在全部相处时间的2/3以上，被视为有敌意，或有寻衅滋事的嫌疑。

⑤ 表示感兴趣。目光始终盯在对方身上，偶尔离开一下，注视对方的时间在全部相处时间的人2/3以上，同样也可以表示对对方较感兴趣。

（2）注视的角度

注视别人时，目光的角度，即目光从眼睛里发出的方向，表示与交往对象的亲疏远近。

① 平视。平视也叫正视，即视线呈水平状态。常用在普通场合与身份、地位平等的人进行交往时。

② 侧视。侧视是一种平视的特殊情况，即位于交往对象的一侧，面向并平视着对方。侧视的关键在于面向对方，若为斜视对方，即为失礼之举。

③ 仰视。仰视即主动居于低处，抬眼向上注视他人，以表示尊重、敬畏对方。

④ 俯视。俯视即向下注视他人，可表示对晚辈宽容、怜爱，也可表示对他人轻慢、歧视。

（3）注视的部位

允话注视的常规部位有：

① 双眼。注视对方双眼，表示自己重视对方，但时间不能太久。

② 额头。注视对方额头，表示严肃、认真、公事公办。

③ 眼部—唇部。注视这一区域，表示礼貌、尊重对方。

④ 眼部—胸部。注视这一区域，多用于关系密切的男女之间，表示亲近、友善。

⑤眼部—两腿之间。适用于注视相距较远的熟人，也表示亲近、友善，但不适用于关系一般的异性。

⑥ 任意部位。对他人身上的某一部位随意一瞥，多用于在公共场合注视陌生人，最好慎用。

2. 对笑容的要求

笑容，即人们在笑的时候的面部表情。利用笑容可以消除彼此间的陌生感，打破交际障碍，为更好沟通与交往营造有利的氛围。

（1）笑的种类

在商务交往中，合乎礼仪的笑容大致可以分作以下几种。

① 含笑。不出声，不露齿，只是面带笑意，表示接受对方，待人友善，适用范围较为广泛。

② 微笑。唇部向上移动，略呈弧形，但牙齿不外露，表示自信、充实、会意、友好，适用范围最广。

③ 轻笑。嘴巴微微张开一些，上齿显露在外，不发出声响，表示欣喜、愉快，多用于会见客户、向熟人打招呼等情况。

④ 浅笑。笑时抿嘴，下唇大多被含于牙齿之中，多见于年轻女性表示害羞之时，通常又称为抿嘴而笑。

⑤ 大笑。大笑表现在太过张扬，一般不宜在商务场合中使用。

（2）笑的方法

笑的共性是面露喜悦之色，表情轻松愉快。但是，如果发笑的方法不对，要么笑得比哭还难看，要么会显得非常假，甚至显得很虚伪。

① 发自内心。笑的时候要自然大方，显示亲切。

② 声情并茂。笑的时候，要做到表里如一，使笑容与自己的举止、谈吐有很好的呼应。

③ 气质优雅。笑的时候，要讲究笑得适时、尽兴，也要讲究精神饱满，气质优雅。

④ 表现和谐。从直观上看，笑是人们的眉、眼、鼻、口、齿以及面部肌肉和声音所进行的协调行动。

（3）笑的禁忌

在画龙点睛式场合笑的时候，严禁下述几种笑出现。

① 假笑。假笑即笑得虚假，皮笑肉不笑。

② 冷笑。冷笑即含有怒意、讽刺、不满、无可奈何、不屑一顾、不以为

然等容易使人产生敌意的笑。

③怪笑。怪笑即笑得怪里怪气，令人心里发麻，多含有恐吓、嘲讽之意。

④媚笑。媚笑即有意讨好别人，非发自内心，具有一定的功利性目的的笑。

⑤怯笑。怯笑即害羞、怯场，不敢与他人交流视线，甚至会面红耳赤地笑。

⑥窃笑。窃笑即偷偷地洋洋自得或幸灾乐祸地笑。

⑦狞笑。狞笑即面容凶恶，多表示愤怒、惊恐、吓唬。

3. 对面部表情的要求

面部表情是指人们面部所显示出的综合表情。它对眼睛和笑容发挥辅助作用，同时，也可以自成一体，表现自己的独特含义。

一般情况，通过面容所显示的表情，既有面部各部位的局部显示，也有它们彼此合作综合的显示。

（1）局部的显示

人的眉毛、鼻子、嘴巴、下巴、耳朵都可以独立地显示各自的表情。

①眉毛的显示。以眉毛的形状变化所显示的表情，一般叫作眉语。除配合眼神外，眉语也可独自表意。

皱眉型：双眉紧皱，多表示困窘，不赞成、不愉快。

耸眉型：眉峰上耸，多表示恐惧、惊讶或欣喜。

竖眉型：眉角下拉，多表示气恼、愤怒。

挑眉型：单眉上挑，多表示询问。

动眉型：眉毛上下快动，一般用来表示愉快、同意或亲切。

②嘴巴的显示。嘴巴的不同显示往往可以表示不同的心理状态。

在商务场合中常见的有：

张嘴：嘴巴大开，表示惊讶。

抿嘴：抿住嘴唇，表示努力或坚持。

噘嘴：撅起嘴巴，表示生气或不满。

撇嘴：嘴角一撇，表示鄙夷或轻视。

拉嘴：拉着嘴角，上拉表示倾听，下拉表示不满。

③鼻子的显示。

挺鼻：表示倔强或自大。

缩鼻：表示拒绝或厌弃。

皱鼻：表示好奇或吃惊。

抬鼻：表示轻视或歧视。

摸鼻：表示亲切或重视。

（2）综合的显示

①表示快乐：眼睁大，嘴巴张开，眉毛常向上扬。

②表示兴奋：眼睁大，眉毛上扬，嘴角微微上翘。

③表示兴趣：嘴角向上，眉毛上场，眼睛轻轻一瞥。

④表示严肃：嘴角抿紧下拉，眉毛拉平，注视额头。

⑤表示敌意：嘴角拉平或向下，皱眉皱鼻，稍一瞥。

⑥表示发怒：嘴角向两侧拉，眉毛倒竖，眼睛大睁。

⑦表示观察：微笑，眉毛拉平，平视或视角向下。

⑧表示无所谓：平视，眉毛展平，整体面容平和。

【知识拓展】

今天，你对客人微笑了没有？

被誉为全球旅游业之冠的美国希尔顿饭店，其创始人唐纳·希尔顿绝对称得上是一个传奇人物。

说起希尔顿的成功历史，他母亲对他的影响是巨大的。就在他经数年苦心经营使资本增值到5000万美元时，有一天，他踌躇满志、颇为得意地向母亲谈起他如何赚钱有方。他母亲淡然一笑说："你拥有5000万资金又有什么了不起，知道还有比这更值钱的东西是什么？"希尔顿被问住了，母亲又说："我看，做生意除了要对顾客诚实之外，你还得想出这样一个简单可行，又不花钱且行之久远的办法，去争取顾客的反复光临；只有这样，你的旅馆才会前途无量，资金才能不断增加。"母亲的话让希尔顿苦苦思索，寻求那"简便""可行""不花本钱""行之久远"四项合一的赚钱之道。终于，他悟到了，那就是"微笑"。

希尔顿视微笑为企业生存发展的唯一途径，并以此为基本企业理念，在员工队伍中大力提倡微笑服务。80多年来，希尔顿饭店生意如此之好，财富增长如此之快，其成功的秘诀就在于牢牢确立自己的企业理念并把这个理念贯彻到每一个员工的思想和行为之中，饭店创造"宾至如归"的文化氛围，注重企业员工礼仪的培养，通过"微笑服务"体现出希尔顿的独有魅力。希尔顿自己则是在这五十多年中，每天从这一洲飞到那一洲，从这一国飞到那一国，专程去了解希尔顿的员工是否在贯彻着"希尔顿的礼仪"。他有一本专著《宾至如归》，而今已成为每个希尔顿员工的"圣经"，而当得知希尔顿要亲自前来视察时，员工们就会立即想到希尔顿肯定会问："今天你对客人微笑了没有？"

1930年，世界性经济危机袭击了美国，旅馆倒闭了80%，希尔顿的旅馆也深受其害，一度负债50万美元。但希尔顿并不灰心，他要求员工："请各位记住，在经济恐慌的年代，万万不可把我们心里的愁云放到脸上，无论旅馆本身遇到多大的困难，我们脸上的微笑应当永远成为旅客的阳光，一旦危机过去了，我们希尔顿就会进入云开日出的局面。"在经济危机的严重年代，只有他的员工始终坚持微笑待客，这给人们留下了深刻美好的印象。经济萧条过去后，希尔顿率先进入繁荣时期，跨入经营的黄金时代。

面对下属和员工，希尔顿经常这样谆谆教诲："大家想过没有，如果旅馆里只有第一流的设备而没有第一流服务员的微笑，那些旅客会认为我们供应了他们全部最喜欢的东西吗？如果缺少服务员的美好微笑，正好比花园里失去了春天的太阳和春风。假如我是旅客，我宁愿住进虽然只有残旧地毯，却处处见到微笑的旅馆，也不愿走进只有一流设备而不见微笑的地方。"

【练兵场】

两人一组进行微笑练习。

【智慧语录】

1. 笑是两个人之间最短的距离。——维克托·伯盖

2. 人类确有一件有效武器，那就是笑。——马克·吐温

3. 也许我知道为什么人在孤独时笑：他独自受苦良深，他不得不发明笑。
——尼采

（四）蹲姿礼仪

由于欧美国家的人认为"蹲"这个动作是不雅观的，所以只有在非常必要的时候才蹲下来做某件事情。日常生活中，蹲下捡东西或者系鞋带时一定要注意自己的姿态，尽量迅速、美观、大方，应保持大方、端庄的蹲姿。

1. 优雅蹲姿的两种方法

（1）交叉式蹲姿

下蹲时右脚在前，左脚在后，右小腿垂直于地面，全脚着地。左腿在后与右腿交叉重叠，左膝由后面伸向右侧，左脚跟抬起脚掌着地。两腿前后靠紧，合力支撑身体。臀部向下，上身稍前倾。

（2）高低式蹲姿

下蹲时左脚在前，右脚稍后（不重叠），两腿靠紧向下蹲。左脚全脚着地，小腿基本垂直于地面，右脚脚跟提起，脚掌着地。右膝低于左膝，左膝内侧靠于左小腿内侧，形成左膝高右膝低的姿势。臀部向下，基本上以右腿支撑身体。男士选用这种蹲姿时，两腿之间可有适当距离。

2. 优雅蹲姿的基本要领

站在所取物品的旁边，蹲下屈膝去拿，而不要低头，也不要弓背，要慢慢地把腰部放低。两腿合力支撑身体，掌握好身体的重心，臀部向下。

一脚在前，一脚在后，两腿向下蹲，前脚全着地，小腿基本垂直于地面后脚跟提起，脚掌着地，臀部向下。男士两腿间可留有适当的缝隙，女士则要两腿并紧，穿旗袍或短裙时需更加留意，以免尴尬。

若用右手捡东西，可以先走到东西的左边，右脚向后退半步后再蹲下来。脊背保持挺直，臀部一定要蹲下来，避免弯腰翘臀的姿势。特别是穿裙子

时，如不注意背后的上衣自然上提，露出臀部皮肉和内衣则很不雅观。即使穿着长裤，两腿展开平衡下蹲，撅起臀部的姿态也不美观。

【知识拓展】

人际交往的四种距离

美国人类学家爱德华·霍尔博士为人际交往划分了四种距离，每种距离都与对方的关系相称。

（1）亲密距离：6英寸~18英寸（15厘米~44厘米）

15厘米以内，是最亲密区间，彼此能感受到对方的体温、气息。15厘米~44厘米，身体上的接触可能表现为挽臂执手，或促膝谈心。44厘米以内，在异性，只限于恋人、夫妻等之间，在同性别的人之间，往往只限于贴心朋友。

（2）个人距离：1.5英尺~4英尺（46厘米~122厘米）

这是人际间隔上稍有分寸感的距离，已较少直接身体接触。

（3）社交距离：4英尺~12英尺（1.2米~3.7米）

这已超出了亲密或熟人的人际关系，而是体现出一种公事上或礼节上的较正式关系。

（4）公众距离：12英尺~25英尺（3.7米~7.6米）

【练兵场】
以小组为单位进行蹲姿练习。

四、馈赠篇

中华民族素来重交情，古代就有"礼尚往来"之说。亲友和商务伙伴之间的正当馈赠是礼仪的体现、感情的物化。在正常的交际活动中，用以增进友情的合理、适度的赠礼与受礼是必要的。

（一）馈赠礼品的标准

1. 情感性

馈赠礼品要重视其情感意义。礼品作为友好的象征物，其意义并不在礼品本身，而在于通过礼品所传达的友好情意，这是馈赠礼品的基本思想，所谓"千里送鹅毛，礼轻情义重"。情义是无价的，情义是无法用金钱来衡量的。"烽火连三月，家书抵万金"同样说明"情"的价值，丝毫也不夸张。著名作家萧乾当年访问一位美籍华人朋友，特意捎去几颗生枣核。他深深知道：朋友身在异国他乡，年纪越大，思乡越切。送去几颗故乡故土的生枣核，让它在异国他乡生根、开花、结果。果然那位美籍朋友一见到那几颗生枣核，就勾起了缕缕乡情，他把枣核托在手掌，仿佛它比珍珠玛瑙还贵重。因此选择礼品时，勿忘一个"情"字，应挑选价廉物美，具有一定纪念意义，或具有某些艺术价值，或为受礼人所喜爱的小艺术品，如纪念品、书籍、画册等。

选择礼品的价值要"得体"，并非价值越昂贵的礼品所表达送礼者的情意越深厚。送礼要与受礼者的经济状况相适合，中国人历来有"礼尚往来"的习俗，若受礼者的经济能力有限，当接到一份过于贵重的礼品时，其心理负担一定会大于受礼时的喜悦，尤其当你有求于对方的时候，昂贵的礼品会让人有以礼代贿的嫌疑，不但加重了对方接受这份礼品的心理压力，也失去了平衡交流的意义。

2. 独创性

送人礼品，与做其他许多事情一样，最忌讳"老生常谈""千人一面"。选择礼品，应当精心构思，匠心独运，富于创意，力求使之新、奇、特，这就是礼品的独创性。赠送具有独创性的礼品给他人，往往可以令其耳目一新，既兴奋又感动，因为这等于是"特别的爱献给特别的你"。与之相应，赠送者在对方心目中往往也会因此"升值"。

3. 时尚性

赠送礼品应折射时代风尚。当今人们追求生活的高尚品位，什么样的礼品够档次，多半取决于礼品是否符合时代风尚。改革开放以来，随着人们生活水平的提高和思想观念的转变，人们相互馈赠礼品也发生了质的变化和飞跃，从经济实用的物质型礼品向高雅、新潮的精神型礼品转化。"精神礼品"受青睐已成为当今人际交往中的一道亮丽的风景线，它包括：智力型，如报纸、杂志、图书、各种教学录音带、电脑软件等；娱乐型，如唱片、激光影碟、体育比赛门票、晚会展览会入场券等；祝贺型，如鲜花、节日贺卡等。

4. 适俗性

挑选礼品时，特别是在为交往不深或外地区人士和外国人挑选礼品时，应当有意识地使赠品与对方所在地的风俗习惯一致。在任何情况下，都要坚决避免把对方认为属于伤风败俗的物品作为礼品相赠，这样才表明尊重交往对象。如在我国大部分地区，老年人忌讳发音为"终"的钟，恋人们反感发音为"散"的伞；阿拉伯地区严禁饮酒；在西方药品不宜送人。因此在涉外交往中，要根据不同国家、地区人们的习惯与个人爱好做出必要的选择。赠礼问俗是我们不能忽视的，这也是一个重要标准。

1972年，尼克松总统准备访华，急于寻求能代表国家的礼物。美国保业姆公司闻讯后，趁此良机，向尼克松总统献上公司生产的一尊精致的天鹅群瓷器珍品。因为瓷器的英文China，也具有"中国"的意思，尼克松一见，大喜过望，于是把这尊具有双重意义而且具有很高艺术价值的瓷器珍品带到了中国。

（二）馈赠礼品的场合

在社会交往中，人们在不同的场合下选送不同的礼品。

1. 表示谢意敬意

当我们接受他人或某个组织的帮助之后应当表示感谢，如某位医生妙手回春治愈你多年的顽症，某个组织为你排忧解难，等等。此时为表示感谢和敬意，可考虑送锦旗，并将称颂之语书写在锦旗上。

2. 祝贺庆典活动

当友人和其他组织适逢庆典纪念之时，如某公司成立二十周年纪念，为表示祝贺，可送贺匾、书画或题词，既高雅别致又具有欣赏保存价值。

3. 公共关系礼品

开展公共关系活动中所送的礼品要与公共关系活动的目标一致，并且送礼的内容与送礼的组织形象是相符的。如上海大众汽车公司赠给客人的桑塔纳车模型、上海大中华橡胶厂精心设计研制的轮胎外形的钢皮卷尺等。

4. 祝贺开张开业

社会组织开张开业之际，都是宣传自身、扩大影响的好机会，一般来讲，都是要借机大肆宣传一番的。因而适逢有关组织开张开业之际，应送上一份贺礼，以示祝福和祝愿。一般选送鲜花花篮为多，在花篮的绸带上写上祝贺之语和赠送单位或个人的名称。

5. 适逢重大节日

春节、元旦等节庆日都是送礼的热季，组织可向公众、组织内部的员工等，适时地送上一份小小的礼物，对他们给予组织工作的关心和支持表示感谢，并希望继续得到他们的帮助。亲朋好友之间也可通过节日联络感情，此时也可选择适宜的礼品相赠。

6. 探视住院病人

公司的客人、员工生病或亲友患病住院均应前去探视，并带上礼品。目前探视病人的礼品也不断地从"讲实惠"到"重情调"。以往送营养品、保健品，如今变为送果篮、鲜花。有一位教授住院，学生送他一束鲜花，夹在鲜花中的一张犹如名片大小的礼卡上，写着这样的话语：尊敬的导师，花香带来温馨的祝福，愿您静心养病，早日康复！您的弟子赠。字里行间充满了对老师的关切之情和师生之意。

7. 应邀家中做客

我们经常会被邀到别人家中做客或者出席私人家宴。为了礼尚往来，出于礼貌，应带些小礼品，如土特产、小艺术品、纪念品、水果以及鲜花等。有小孩的可送糖果、玩具之类。

8. 闻听他人或组织遭遇不测

世上难有一帆风顺之事，一个家庭或组织遭遇不测时，及时地送上一份礼物表示关心，更能体现送礼者的情谊。如对方发生火灾、地震等灾难，马上去函或去电表示慰问，也可送上钱款相助。

（三）馈赠礼品的礼仪

1. 精心包装

送给他人礼品，尤其是在正式场合赠送礼品，礼品在相赠之前，一般都应当认真进行包装，可用专门的纸张包裹礼品或把礼品放入特制的盒子、瓶子里等。礼品包装就像人穿了一件外衣，这样才能显得正式、高档，而且还会使受赠者感到自己备受重视。

2. 表现大方

现场赠送礼品时，要神态大方自然，举止优雅，表现适当。千万不要像做了"亏心事"一样，小里小气，手足无措。一般在与对方会面之后，直接将礼品赠送给对方；若已坐下，当赠送礼品时应起身站立，走近受赠者，双手将礼品递给对方。礼品通常应当递到对方手中，不宜放下后由对方自取。如果礼品过大，可由他人帮助递交，但赠送者本人最好还是要参与其中，并援之以手。若同时向多人赠送礼品，最好先长辈后晚辈、先女士后男士、先上级后下级，按照次序，依次有条不紊地进行。

3. 认真说明

当面亲自赠送礼品时要辅以适当的、认真的说明。一是可以说明因何送礼，若是生日礼物，可说"祝你生日快乐"；二是说明自己的态度，送礼时不要自我贬低，说什么"没有准备，临时才买来的"；"没有什么好东西，凑合着用吧"，而应当实事求是地说明自己的态度，如"这是我为你精心挑选的"；"相信你一定会喜欢"等；三是说明礼品的寓意，在送礼时，最好介绍礼品的寓意，多讲几句吉祥话，这是必不可少的；四是说明礼品的用途，对较为新颖的礼品可以说明礼品的用途、用法。

（四）接受馈赠的礼仪

1. 受礼坦然

一般情况下，对于对方真心赠送的礼物不能拒收，因此没完没了地说"受之有愧""我不能收下这样贵重的礼物"这类话是多余的，有时还会使人产生不愉快的感觉。即使礼物不称人心，也不能表露在脸上。接受礼物时要用双手，并说上几句感谢的话语。千万不要虚情假意，推推躲躲，反复推辞，硬逼对方留下自用，或是心口不一，嘴上说"不要，不要"，手却早早伸了过去。

2. 当面拆封

如果条件许可，在接受他人相赠的礼品后，应当尽可能地当着对方的面，将礼品包装当场拆封，这种做法在国际社会是非常普遍的。在启封时，动作要井然有序，舒缓得当，不要乱扯、乱撕。拆封后还不要忘记用适当的动作和语言，显示自己对礼品的欣赏之意，如将他人所送鲜花捧在身前闻闻花香，然后再插入花瓶，并置放在醒目之处。

3. 拒礼有方

有时候，出于种种原因，不能接受他人相赠的礼品。在拒绝时，要讲究方式方法，处处依礼而行，要给对方留有退路，使其有台阶可下，切忌令人难堪。可以使用委婉的、不失礼貌的语言，向赠送者暗示自己难以接受对方的好意，如当对方向自己赠送一部手机时，可以告之："我已经有一台了。"可以直截了当向赠送者说明自己之所以难以接受礼品的原因。在公务交往中，拒绝礼品时此法最为适用，如拒绝他人所赠的大额贵重礼品时可以说："依照有关规定，你送我的这件东西，必须登记上缴。"

（五）赠花的礼仪

鲜花是美好、吉祥、友谊和幸福的象征。我国早在汉代就有"折柳送别话依依"的诗句，可见在当时已有交际赠花的习俗。当今社交中无论是欢迎、送别、婚寿庆祝，还是节庆、开业、慰问、吊唁及国际交往中，人们经常赠之以鲜花，言志明心。但由于各地风俗习惯不同，花的含义也不同，送花时必须注意得体，要做到以下几点。

1. 了解"花卉语"

当我们用花为媒来传递友谊时，要注意运用正确的"花卉语"，以免出现尴尬。以下是几种常见的花卉的寓意。

荷花——纯洁、淡泊和无邪。

月季——幸福、光荣、美艳长新。

红玫瑰——爱情。

白菊——真实。

百合——圣洁、幸福、百年好合。

野百合——幸福即将来临。

红蔷薇——求爱、爱情。

杜鹃——节制、盼望。

康乃馨——健康长寿。

红茶花——天生丽质。

山茶花——美好的品德。

勿忘草——永志不忘、真挚和贞操。

菊花——长寿、高洁。

万年青——友谊。

兰花——优雅。

剑兰——步步高升。

松柏——坚强。

橄榄枝——和平。

梅花——刚毅、坚贞不屈。

竹子——正直。

文竹——长寿。

常春藤——结婚、白头偕老。

水仙——尊敬、自尊。

牡丹——富贵、吉祥、圆满浓情。

红茶花——质朴、美德。

牵牛花——爱情。

紫丁香——谦逊、美好。

郁金香——宣布爱恋。

蓝色郁金香——诚实。

樱花——心灵的美。

并蒂莲——夫妻恩爱。

红豆——相思。

仙人掌——热心。

美人蕉——坚实。

在不同的国家和地区，同一种花也会有不同的寓意，如在一些国家，菊花和康乃馨被认为是厄运的象征；垂柳在美国表示"悲哀"，但在法国，柳则是"仁勇"的象征。实际上，同一种类型的花卉，因其不同的颜色，也有不同甚至截然相反的意思，如红色的郁金香是"爱的表示"，蓝色的郁金香象征"诚实"，而黄色的郁金香则象征"无望的恋爱"。因此要恰当运用好"花卉语"。

2. 不同场合的赠花

婚礼赠花可以送一束美丽鲜艳的由红玫瑰、吉祥草、文竹灯花组成的花束。红玫瑰象征爱情的美好；吉祥草祝朋友吉祥如意、生活美满；文竹绿叶葱葱，祝朋友爱情永葆青春。此外并蒂莲表示"恩爱如初，幸福长存"，百合花象征"百年好合"，它们及红色郁金香等花都是婚礼的理想花卉。

慰问病人，送一束黄月季，表示"早日康复"，一束芝兰，象征"正气清运，贵体早康"，或送一束松、柏、梅花，以鼓励他与病魔做斗争而"坚贞不屈""胜利属于你"。

庆贺生日时的赠花，年轻一点的可送其火红的石榴花、鲜红的月季花、美丽的象牙花，祝其前程如火样红烈，青春如红花鲜艳等；对年老者，赠之以万年青、寿星草、龟背竹等，以示祝福老人健康长寿，快乐幸福。

3. 赠花的注意事项

正式场合，如组织开张、纪念、庆典等，大多可送花篮；迎宾、欢送、演出中送给演员，大多可送花环、花束；宴请、招待会等可送胸花；参加追悼会时送花圈以示哀悼。

送花一般不能送单一的白色花，因为会被人认为不吉利；送玫瑰花时应送单数，不要送双数，但12除外，不要将红玫瑰送给未成年的小姑娘，不要将浓香型的鲜花送给病人。

送花束时最好用彩色透明纸将花包装好，再系一根与鲜花颜色相匹配的彩带，这样既便于携带，又使花显得更漂亮。

【智慧语录】

赠人玫瑰，手有余香。

附：

校本课程"品格——学生礼仪培养"活动方案

一、总则篇

我国是礼仪之邦，文明古国，从周朝时期便制定有做人的规范。《尚书》中详细记载了许多人人应当遵循的行为规范和典章制度。孔子认为礼是治国安邦的基础，"不学礼，无以立"（《论语》）。中华民族五千年文明史，也是文明礼貌发展史。直到今天，我国人民热情好客、文明礼貌、尊老爱幼等传统美德仍为世界各国所称道。随着信息化和经济全球化的发展，我国与世界各国间的交往日趋频繁，国际往来日益重要，人们对人际交往中的礼仪更加关注。随着对礼仪重要性认识的不断加深，我校已在学科教学中加强礼仪教育渗透。但这些做法都是零散的，不能使之系统化。而作为文明礼仪的启蒙教育，我们重在全面系统地培养学生文明礼仪风范，使之将来无论走到哪里，都能得到人们的认同，受到人们的欢迎。再加上建立和谐的人际关系，有利于打开局面，发展事业，从而推动社区以及我国社会文明的发展。也正由于开展文明礼仪教育具有现实的必要性与客观的前瞻性，我校决定把"礼仪教育"由学科渗透发展到作为校本课程主科目来开发，确定了以"家庭礼仪""校园礼仪"和"社会礼仪"为主要内容，对学生进行系统的文明礼仪教育，有目的、有计划地将学生带入良好人际关系的殿堂。

（一）意义

1. 学生发展的需要

随着科学技术的不断进步，人们物质生活水平在不断提高，而在优越的物质生活条件下成长起来的独生子女，更是过着"衣来伸手，饭来张口"的生活。长辈的溺爱导致了他们的冷漠自私，一切以自我为中心，不善于或不懂得

与周围的人交往。而那些经济比较困难的家庭，由于家长整日忙于谋生，四处奔波，放任孩子自由成长，缺少对孩子的教育和引导，使之染上不良嗜好，野蛮霸道，缺乏教养。在学校，有的同学任性散漫，唯我独尊，学生在与教师交往时缺乏良好的礼仪规范；在社会或家庭中，怎样尊老爱幼，怎样与熟人或陌生人打交道，怎样着装，怎样待客做客，怎样遵守社会公德，怎样讲文明、讲礼貌等显得比较薄弱。这些都是不容忽视的问题。而现代社会发展对人的文明礼仪的要求都在不断提高，因此，在学生中开展文明礼仪教育活动具有十分现实的意义。

同时心理学家调查表明：学生的第一需要是学会交往，然后才是学会学习，只有学生的需求得到满足，才能进一步发展个性。再加上小学生的接受能力和模仿能力强，是培养良好习惯的最佳时期，因此在小学生阶段开设"文明礼仪教育"课程，使他们从小系统地受到良好礼仪规范的熏陶教育，从而养成其良好的个性品质，为其将来成为社会有用之才奠定良好的人生基础。

2. 学校发展的需要

我校的校训是"文明、勤奋、活泼、创新"。首要的目标就是要教育学生讲文明、懂礼貌。同时我校又是上海市行为规范示范校铜牌学校，在长期的教学过程中，已取得了一定的成效，教师们也积累了一定的经验。为了对学生进行系统的教育训练，实现我校的育人目标，我们拟将"礼仪教育"作为校本课程开发的"开场戏"，以更好地促进我校文明校园风貌的形成。

3. 社会发展的需要

我国实行改革开放后，国门打开，在引进外国先进文化的同时，也带进了一些自由散漫的消极思想，少年儿童年纪尚小，缺乏鉴别能力与抵御能力，成为首要的受害者。

家庭教育是孩子成长过程中必不可少的重要环节，是社会主义精神文明建设的重要组成部分。改革开放和市场经济的发展，对当前家庭教育提出了新的要求。面对新情况、新特点、新问题，迫切需要一套融科学性、适应性为一体，家校合力的教子育子方案。

随着知识经济时代科学技术的突飞猛进发展，社会需要有创新精神和实践能力的人才，更需要具有高尚人格的高素质人才。一个人爱祖国、讲诚信，任何一个时代都需要；一个人讲文明、善交际，任何一个单位都欢迎。"做现代文明人"具有时代意义。

指导思想：坚持以习近平新时代中国特色社会思想为指导，以科学发展观为依据，以全面提高学生素质为核心，贯彻二期课改理念和主体发展教育观，将学生培养成为具有现代文明意识，能够传承中华民族传统美德，富有民族自信心，具有规范言行、文明礼仪和高尚气质的社会主义事业的建设者和接班人。

（二）课程目标

（1）促使学生了解待人接物的基本礼节，养成在各种场合经常使用文明礼仪的习惯。

（2）自觉参加交际实践，提高学生人际交往能力。

（3）培养学生热爱生活的兴趣和能力，形成积极健康的人生态度。

（4）建立良好的人际关系，促进良好社会风气的形成。

二、主体篇

根据学生认知结构和年龄特点，我们拟将礼仪校本课程分为四个单元：个人礼仪、家庭礼仪、校园礼仪、社会礼仪。本课程内容以正文为主体辅以"做一做""读一读""考考你""评一评""演一演""想一想""练一练"等多种形式，并把一些礼仪故事、礼仪常识、名言佳句、小知识作为课程的一种补充。所有内容都可以由教师和学生根据身边的故事整理编写，以增强教育的效果。

课程目的：使学生了解、掌握并使用社会常规礼仪，以更好地融入社会生活中，让自己处处受到欢迎，得到尊重，生活充满快乐，从而培养积极健康的人生态度。

三、实施篇

我们初步设想本课程的每单元都以"礼仪故事"和"设问"导入；每章或每节以名言警句及本节内容的主题词作提示引导，其中插入"知识窗""小故事"等内容，力图增强课程的趣味性。所设"提示""想一想""练一练"

等环节旨在提高实用性；设计的"练习与思考"既有模拟练习，也有对学生礼仪现状的思考。学校通过以上方式，逐步建立规范的个人礼仪、家庭礼仪和校园礼仪，然后再向社会推进，争取社区、共建单位的配合支持，争取文明礼仪建设的良好效果，同时让学生养成文明礼仪风范，以此促进学校校风更上一层楼。

（一）实施原则

1. 主体性原则

充分调动、培养学生的积极性、主动性、独立性和创造性，尽可能多地为学生提供独立活动的机会、时间和空间。

2. 实践性原则

实践是将知识转化为能力的一种创造性活动，在实践中巩固知识，培养学生分析、解决问题的能力。

3. 合作性原则

学生之间合作、师生合作、家校合作、学校与社区合作、学校与共建单位合作，提高教育的实效。

4. 活动性原则

寓教育于活动之中，在活动中提高认识，增强意识，养成习惯。

5. 趣味性原则

符合学生年龄特点，教育目标不拔高，教育方法不成人化，充满童趣，不泯灭儿童天性。

6. 民主性原则

要求教师与学生平等相处、相互尊重，亦师亦友，以鼓励表扬为主，在教育活动中互助、互学、互进。

（二）实施载体

1. 专项课程设置

我们把该课程纳入正式课表，每班每周安排0.5～1个课时。教师通过课堂主阵地，有计划地对学生进行系统的文明礼仪教育，使学生粗通礼仪知识，引导他们亲身体验，实现从感性到理性的升华，从整体上让学生的文明礼仪风范得到提高。

2. 学科渗透

学科教学中继续渗透文明礼仪的知识，切合时机地进行文明礼仪的引导与教育。

四、保障篇

1. 组织保障

成立校本课程领导小组，由校长直接领导，聘请专家指导，教育科研部负责设计研究方案、部署；教育科研部、教学研究部、学生发展部负责落实实施。层层把关，责任到人，逐步推进。实施课程项目负责制，将课程实施的实绩作为教师考评、表彰的重要依据。

2. 服务保障

要多方位地开发和利用校内外丰富的礼仪教育资源，加强礼仪教育的软件建设，积极开发文本资料、教学课件、音像制品等教学资源，利用网络、影视、图书馆、敬老院、自然和人文景观等社会资源，丰富礼仪教育的内容和手段。

3. 队伍保障

对全体教师进行礼仪教育的基本知识和必备能力的基础培训；学校挑选教学能力强、有科研经验、能刻苦钻研、身体健康的教师，组成课程领导小组；对教师加强业务培训与指导，优先提供资料与外出培训参观机会，优化实施者和管理者队伍。

4. 政策保障

制定课程实施的要求和奖励机制，确保教师培训、软件开发、课题研究等经费投入，以推动礼仪教育的有效进行。

强化"双轮"驱动　促进学生全方位发展

兰州市第六十中学　李文舟

面对兰州教育蓬勃发展的新形势，在兰州市教育局的正确领导下，我校紧紧围绕"靠质量求生存，以特色促发展"的办学理念，强化"双轮"驱动，传承"能·行"文化，凝心聚力，牢记使命，锐意进取，使学校的各项教育教学工作稳步提升。

一、立德树人，以全员育人为抓手，奠定发展之基

学校以《全员育人导师制工作方案》和《全员育人手册》为根据，全面推进全员育人工作。根据《全员育人导师制工作方案》，全校每位教师都担任导师，每人分配学生15人，每周定时定点开展活动，从而建立了一种"导学"关系，这不仅密切了师生关系，更主要的是针对学生的个体差异，因材施教，指导学生的思想、学习与生活，从而更好地贯彻全员育人、全过程育人、全方位育人的现代教育理念，更好地适应素质教育的要求和人才培养目标的转变。

同时，学校也开启课程育人、文化育人、活动育人、实践育人、管理育人的德育工作新局面。重新建构"学生综合素质评价体系"，积极尝试多元化、多维度的评价方法，制定了学生日常行为量化考核与家校共育学生行为督导考核相结合的考核体系，开展以"家校共育论坛""家庭教育指导讲座"及"传承家风、家训"为主题的交流分享会，形成教育合力，为学生终身发展奠定坚实基础。

二、素养为核，以课堂改革为突破口，凝聚发展实力

1. 全面深化课堂改革

坚持"育人为根本、学生为主体、能力为重点"的课堂教学理念，着力提升课堂教学质量，开展"七大课堂"行动：新教师亮相课、青蓝工程汇报课、党员示范课、骨干教师展示课、主题教研观摩课、课堂教学诊断课、同课异构竞赛课，通过"行动"，改进教学行为，优化学习方式，提升教学效益。探索出符合我校学情的"基于合作、探究的参与式教学"课堂教学模式并逐步推进，深入实践初中数学"自学·议论·引导"教学法，大力开展"新教育"实验，建设智慧型课堂。

2. 积极探索新高考背景下的"选课走班"教学方式

目前我校在英语学科实施分层走班实验教学，在体育艺术学科实施模块化选课教学实验，最大限度地满足学生对课程的需求，促进学生全面而有个性的发展。

3. 多元引领，以特色教育为切入点，丰实发展之翼

（1）着力实施美育提升行动

继去年年底学校被命名为"兰州市示范性特色高中"之后，今年上半年又被确定为"初中美术学科教学研究基地"和"兰州市中小学素质型音乐教育新体系试点校"。学校以此为契机，广泛开展"国粹京剧进校园""美术研学旅行""校园文化节"等艺术活动，增强了学生的艺术能力，推进了优秀传统文化的传承。我校学生在甘肃省第六届中小学生艺术展演中获一等奖、在兰州市中小学生合唱比赛中获团体二等奖的喜人成绩。

（2）充分发挥劳动综合育人功能

学校制定了《劳动教育指导纲要》，积极开发生活技能类课程和生涯规划课程。深入推进科技创新课程，形成车模、航模、海模及少年电子技师为一体的"三模一电"科创活动，在第二十届"我爱祖国海疆"、第二十一届"飞向北京飞向太空"甘肃省青少年科技体育比赛中荣获一等奖6项。同时我们积极开展校外劳动实践和社区志愿服务，先后与玉门街社区联合开展志愿服务活

动，进一步加强了学生劳动能力的培养。

（3）积极推动高中阶段研究性学习

学校坚持引领学生课题研究，培养学生主动发现问题、解决问题、探究实践的能力，本学期研究性学习课题立项共50余项。并举行课题优秀成果展示活动，促进学生综合能力提升。

4. 科研兴校，以育骨干名师为核心，提升教育品质

学校结合《兰州市卓越师资培育五年行动计划（2019—2023）》文件精神，坚持以日常督导、研训引领、评比驱动、实践锻炼、素质评测等方式提师能、铸师魂、促发展，培育卓越师资队伍。本学期我校5名教师被确定为市级、县区级骨干教师培养对象，2名教师确定为兰州市骨干班主任。在各级各类教育行政部门组织的教学竞赛中，我校教师有12人次获奖。同时坚持以课题研究引领教师发展，本学期有5项省级规划课题、7项市级规划课题立项，5项省级规划课题完成结题上报。学校正是由于这些骨干名师的成长，不断地书写着高考新辉煌。

三、正在努力解决的问题

1. 遇到的问题

（1）学校艺术特色教育发展卓有成效，但需要开辟发展新平台，期望通过专家引领、名校共建、高校对接等方式牵手研训、观摩学习，寻找学校教育质量新途径。

（2）学校现有校舍资源不足，制约着新中考、高考模式下教学工作的有效开展，制约着学校办学品质的提升以及学校特色教育的进一步发展。

2. 解决的措施

今后，我们将在教育局领导下，着力从以下两个方面促进学生全方位发展。

（1）继续围绕双轮驱动的学校发展理念，进一步拓宽特色示范性高中发展的新思路、新途径，创新特色教育新方式。

（2）争取上级部门支持，改善办学条件，助力我校办学品质不断攀升。

初中学生评教策略文献综述

兰州市第六十三中学　张卫龙

学生评价教师的教育教学，作为教育评价和学校管理的手段，在许多学校已经开展，其目的在于推进教师教育教学素质和职业素养的改进与提高，许多实施学校也取得了一定的效果。但由于影响学生评教的因素较为复杂，加之中学阶段学生评教研究相对薄弱，其作用也被许多人质疑。

基于以上原因，我开展了本课题研究，进一步厘清争议，给予学生评教2月的开展提供理论支持，更好地发挥学生评教平台作用，为教育教学服务。同时，以本研究指导学校的学生评教工作，可以避免或减少学校学生评教的负面效应，为教师专业发展服务。

一、核心概念的界定

1. 学生评教

《教育管理学》一书中提出"教师的考核方法，按形式分有教师自评法、学生评价法、教师互相评价法"。由这一分类可以看出，学生评价的主体对象一般是教师。华南师范大学左璜教授的文章中指出："在西方，学生评教起源于人们对优秀教师特质的研究，评价好教师包括评价教师的教学'instruction'、管理'management'、专业态度'professional attitude'。'学生描述心目中的好老师的特征'这一活动渐渐演变为'学生评定教师'，'Pupil Evaluation of Teachers'是"学生评教"的初始名义。"

同时也指出，随着研究的不断推进、演化，学生评价教师的内容、范围、用途都在发生着一系列的变化。

也有观点把"学生评教"界定为"学生评价教师教学质量（students Evaluation of teaching）"。潘艺林教授也对"学生评教"的概念进行了界定，他认为学生评教即SRTE（Student Ratings of Teaching Effectiveness），指学校组织学生评判教学效果的活动。

陈德良、周春林老师的论文指出："课堂教学质量是有多元价值指向的概念"，因而学生评价教师的教学效果存在局限性，所获得的有用的信息非常有限。

综上无论学生评价的对象是教师，还是教育教学质量和教学效果，都有一个核心的主体——教师，学生的评判均是针对教师个体的评判。其出发的角度不同，但最终都指向教师。从学生评教具体工作的对象来分析，就是学生要把教师的课堂表现、本人的学习体会等通过评价教师的方式展现出来。这也是学生对教师教学效果的一种衡量。

因此，本课题对"学生评教"的基本理解和出发点就是学生评价教师。在学校组织的教师评价过程中，让学生依据自己的价值观和学习收获、学习感受对教师的教学行为、教育教学效果、素质水平进行的一种价值判断活动，简称学生评教。它为学校提供教师教育教学情况的反馈信息，帮助教师改进不足，助力学生更好地学习。

同时，还有两点需要说明：一是本概念的核心是学生评价教师，符合国内的主流趋势；二是学生评价教师的参与者（评价者）应该是学生，一般不包括学生家长。

2. 教师评价

《教育大辞典》将教师评价定义为对教师资格和教学质量的评价。对于教师评价的内容、方法也进行了列举，并指出"学生的评价是考核教师教学态度、教学水平和教育效果的一个有效手段"。

冯全文主编的《现代教育学》认为，教师评价就是指"在一定的教育价值观的指导下，根据一定的教育目标和教师应承担的任务，对教师的基本素质和专业发展能力、教学行为表现及其效果做出价值判断的活动过程。"在该著作中，作者还将学生评教列入教师评价的方法之一，并就学生评教的意义、途径等进行了简要的叙述。教师评价已成为国内基础教育领域改革的内容之一。

二、国外文献综述

1. 历史发展

从现在资料看，普遍认为学生评教始于1915年柏杜发表的教学等级评价量表，后来，欧洲和美国的部分学校（高校先开始）尝试使用了相关的量表。其评价的主旨，还是了解教师的教学情况。

在开展学生评教方面，美国的高校开展得比较早，开展学生评教的时间比较长，在学生评教方面的理论研究也比较系统，在世界上处于领先水平。因此，它对我国的学生评教相关理论的研究也有一定的借鉴意义。

20世纪60年代，美国大学的学生评教已大幅度增加，当时还出现了研究"学生评价教学效果"的专门机构。此时，学生评教工作开展得比较主动，高校几乎都在主动开展。如堪萨斯州立大学成立"教师评价和发展中心"，并制定了"教学发展性和有效性评价系统"。

20世纪70年代，学者们开始投入更多精力关注学生评教的合理性，取得了一系列的研究成果。从对60年代与70年代教学评价的信息来源进行对比来看，70年代教学评价和学生评教的组织与理论研究更加系统、更有条理，学生评教指标更系统化，所以其指标也更合理。

众多学者的研究表明，随着学生评教的发展，学生评教的指标体系也不断更新。就评价指标体系，研究者、高校也提出了各种看法，主要的代表是森特拉和马什。

（1）森特拉（Centra，美国学者）提出三个维度的说法：教育教学的组织、课堂教学技巧和授课能力。

（2）马什提出了教师教学质量评价问卷（Students' Evaluation of Educational Quality，简称SEEQ），包括教学质量的九个维度，主要是学习价值感等九个方面。目前，许多学者认为，马什的九个维度是一项有效而可靠的教学评价工具（用来衡量教学质量），其可靠性也比较高。

随着学生评教的不断发展，理论界在逐渐接受学生评教，但反对的声音也一直不断。反对者重点对学生评教的合理性、可靠性提出质疑。他们认为教师在工作中有权利开展教学研究，学生评教会侵害"学术自由"。还有学者认为学校自编的关于教育教学的调查问卷缺少理论支持，也没有科学的教育学和心理学的测量指标，所以学生评教很难达到较高的可靠性。

21世纪初，美国的《不让一个儿童掉队法案》引发了大规模的、具有深远影响的基础教育改革。教师评价再度受到重视，学生评教也作为多元化评价教师的工具，得到相应的认可。

2. 学生评教的重要性

20世纪80年代，美国教育评价方面的学者E.枯巴（1977）和Y.S.林肯（1977）对学生评教的重要性做出说明，他们认为："学生评教应当是全体评价者和被评价者交互作用、一起探索、达成一致目标的过程。"许多教育家都对学生评教的重要作用予以充分的肯定，如马什、奥弗特尔等。

3. 学生评教的可靠性和有效性

1970年后，已经有教育家（或学者）提出，教师和学生每天都在接触，彼此间的接触比较直接，学生比学校管理者更了解老师，所以学生评价教师的教学效果，其结果应该比其他人员更为可靠。学者彼特森和斯蒂文森（1988）也通过相应的资料进行了分析，他们提出，所有学生评教资料的信度都在0.8～0.9，是很可靠的。

教育家费尔德曼、马什的多项研究已经说明，当学生评教的样本的量足够大时（20以上），学生评教的可靠性是非常好的，能够胜过"最好的客观测验"。美国专家森特拉研究表明，当参加评价的学生人数超过25人的时候，学生评教的信度可以达到95%以上。

马什（1982）通过研究得出结论：对于帮助教师改进教育教学来说，教师的自我评价与学生评教相结合，要比单纯的学生评教更有效。Murray（1980）研究了同行评价和学生评价的情况，指出，学生评价的信度和效度都好于同行之间的评价，因为同行之间的评价更容易受其他因素的影响。

通过开展学生评教，欧美学者也曾梳理了学生评教的负面清单，主要有：

（1）侵犯教师的教学自主权，违反社会提出的"尊师重道"的要求。

（2）学生评教能引起教师之间的矛盾，降低教师的教学热情。

（3）学生不一定具备评价教师的能力。

（4）学生评教的结果应用，会让教师为取得好的评价而变得包容（或是纵容）学生。降低要求则会导致教育质量降低。

4. 学生评教的指标设计

对于学生评教的指标的设计，具体表现在量表的设计上。通过对国内学者的文章阅读归纳，大家认为国外的量表主要有四种：①针对不同的课程而设计不同的评价量表，该量表为开放式问题，允许任课的教师增设评价内容或指标，从而制定出能调查自己所需要的信息的问卷；②内容单一，目标明确，有针对性，可以用公用的量表，该量表适合于不同学科、不同年级开展问卷；③SEEQ是马什（1987）研究拟定的教师教学质量评价问卷，许多数据分析认为该评价问卷有"良好的可靠性"，并适用于不同的文化背景；④"教学的发展性和有效性评价系统"（简称IDEA），在同行业中比较有名。

5. 影响学生评教的主要因素

（1）学生特征因素

学生的年龄、性别等个人特征因素，所在年级、学习能力、成绩与期望等个人内驱因素等。美国学者森特拉曾经有一项著名的研究，通过调查证实了学生个人特征与评价结果之间关系不明显。

（2）课程因素

西方学者把课程特征分解为课程类型、学科领域、班级大小和教学方法等。有一些国外的理论研究说明了理科和自然科学的教师在学生评教中的评价结果（或得分）较低，而文科类得分较高。

（3）班级规模

西方学者通过调查，也意外地发现了班级规模对学生评教的影响。其中人数少的班级对教师的评分最高，35～100人的班级评分最低，为什么正常规模的班级评分低呢？森特拉研究并回答了这个问题，他认为是一些大学配备教学设备和教师的不均衡造成的，教师也有差异，教大班的教师需要充分准备授课内容，而在更小的班授课，学生提问和解答的机会比较多，这两极的学生满意度都比较高，总体说明教学效果可以决定学生评分。

（4）教师个人因素

首先是教龄因素，其次是职称因素（因该研究数据为高校从讲师到教授的研究，不具备初中学生参考意义，故不赘述）。笔者认为，应该还包括教师形象、素质学识等因素。

（5）福克斯教授效应

福克斯教授效应被定义为教师的语言表达能力对学生评价学校和教育教学的压倒性的影响。这个研究表明，富于感情、激情四射的教师，有更多的可能得到学生的好评，教师讲课表情丰富有时比课程内容有更强的感染作用。

三、国内文献综述

我国由于历史的原因，学生评教的起步相对较晚，到1980年以后，才陆续出现一些高校开展学生评教活动。其目的是提高学校的教育教学质量，而从管理入手开展的一项教育管理工作，是"从管理上提高教学质量而起的"。

国外与国内在教育体制、文化观念上有较大的差异，对学生评教问题研究的角度不同（笔者从教育管理的角度开展研究），结合笔者掌握的资料情况，主要从学生评教的制度背景、理论基础、意义作用、方式和工具、效果和争议、存在问题及原因等几方面进行综述。

（一）学生评教的制度背景和理论基础

1. 制度背景

1985年，《中共中央关于教育体制改革的决定》颁布，提出要对教育进行评价。1994年成立的"中国高等教育学会高等教育评估研究会"为开展教学评价的研究提供服务，但也是组织力量有限。就目前而言，绝大部分高校把学生评教作为教学质量评价的必要环节。

在20世纪90年代之后，学生评教在基础教育中也逐渐得到应用，在初中学校的开展情况是零星的，也没有得到法规和制度的保障。20世纪90年代初，中共中央、国务院颁布了《中国教育改革与发展纲要（1990—2000）》，明确了要建立教育的"质量标准和评估指标体系"。许多学校的管理者、教师也意识到教学评价应该包括教师的教学、学生的学习两个方面。国内各基础教育的"学生评教"活动逐渐开展了起来。

21世纪初，是教育改革风起云涌的时期，特别是新课程改革的持续推进，教育部又颁布了《基础教育课程改革纲要（试行）》，其中提出："建立以教师自评为主，校长、教师、学生、学生家长共同参与的评价制度，使教师从多种渠道获得信息，不断提高教学水平（第6条第14节）。"

2002年，教育部再次发文，提出了要建立有学生参与的教师评价制度。此时，学校评价教师的参与者发生了变化，教师、学生、家长、教育管理者逐步参与其中，加上学校对"教师评价"的重要性认识越来越清晰，中小学"学生评教"得到了推广和发展。

2. 理论基础

就教育理论的层面来看，目前，我国尚未出现专门研究"学生评教"的著作。在教育专著中，论及学生评教的主要是陈玉琨著的《教育评价学》、冯文全主编的《现代教育学》，这两个著作中有关教师评价的章节里，将学生评教列入教师评价的方法之一，对其进行了简要的论述。陈玉琨著《教育评价学》中，还对学生评教的信度问题进行了简要阐述；冯文全主编的《现代教育学》中，专门针对"学生评教"中学生主体地位的认识及其利弊进行分析。但两部著述中，对学生评教合理化的建议和规范，尚没有完整的理论阐述。

在2004年出版的《中国教育大系》中，"教师评价"章节由陈玉琨主笔，仍将学生评教作为教师评价中的他评手段，并指出，"学生对课堂的评价是最有力的资料"，但是"教师一般都感觉到不舒服"。

综合上述三部著述进行分析，笔者有以下三点认识：一是学生评教是基于教师评价生发而来的，而对教师的评价，包括了对教师情感态度、素质水平、教学效果等诸多方面的评价。学生评教目前仅仅是教师评价的手段，尚没有发现用于"教育质量"评价的有关证据。二是学生评教的理论将在长时间内依附于教师评价理论，即使学生评教被用作其他用途，也是偶然。三是国内学

生评教从应用起，就有了"用或不用，好或不好"的认识分歧。

"学生评教"的理论研究，散见于一些教育类的杂志和期刊中。由于初中的学生评教可以归于"学生评教"的大概念之下，因此，在大部分学者的理论中，对中小学的学生评教与高校的"学生评教"没有进行严格的区分。因此，笔者在对初中学生评教的专题研究进行文献综述时，也是以相关性为标准，没有过分地区分学段。

（二）学生评教的意义和作用

学生评教，因有争议，所以在学界的研究中有很大一部分是关于利弊的争论，但国内学者、教师的研究，大多数提出了趋利避害的建议。从这一方面来说，是对学生评教意义逐步明确的过程，也是学生评教理论方法的初步探索。

我国教育专家也就学生评教的目的进行过总结概括，主要是两个目的：①收集学生的有效的信息，用于教师改进教育教学工作，在此意义上，学生评教是一种形成性评估；②对教师做出评价和定性，在此意义上，学生评教是一种总结性评估。

首都师范大学的钟山在其硕士论文中指出，学生评教的作用至少有三个方面：①准则作用：为学校的教学管理提供信息，便于学校比较、鉴别；②诊断作用：学生评教反馈教师的教育教学情况，使教师改进课程教法和自身的不足；③信息作用：能够使学生获得关于教学课程、教师的相关信息。

对于学生评教的作用，国内许多学者均提出了不同的观点，笔者也进行了归纳，主要表现在以下几方面。

1. 开展学生评教，有利于学校管理

学生评教是学校的教学、行政管理部门收集教育教学信息以及收集学生对教师提出的建议、对教师进行评价的重要手段，它对进一步规范教师教育教学言行，督促教师投入更多精力搞教育，都有积极的作用。赵德成、廖世雄均支持此观点。

在国内，无论是从高校角度还是基础教育的角度开展的研究，都有一个共识，即通过学生评教学校可以从整体、局部诸方面了解教师中出现的具体问题，分析教师工作中存在的不足，使学校改进教育管理，提高教育教学质量。

西安医学院相关教育管理人员通过实践也印证了这一点；江苏金坛市白塔中学耿菊花结合学校评教案例进行总结，她认为学生评教对"实现教育管理的科学化、民主化"有非常积极的作用。

2. 学生评教是教师评价中比较有效的一种途径

由学生来评价教师，是教师评价机制中的一个重要环节，是对传统的"师道尊严"客观地校正。这一观点，本身就是对教师与学生处于平等地位的一种肯定，崔国生先生认为"它能比较客观反映出教师的情况，也体现了公平、公开、公正的精神"。

甘肃省教科所邓伟认为："把学生的评价意见当作评价教师的参照建议是很有意义的，学校开展学生评教也适合当代教育评价体系对教师的客观要求。"学生评教能够给教师评价提供有用的信息，而且信度较高，让教师无法"乔装打扮"后去应付评价，学生和教师相伴时间很多，对教师课堂教学的真实状况最有发言权。

但就基础教育来看，诸多现象表明，中小学考核教师主要以学生学业成绩、岗位及到岗情况等作为主要的教师评价标准，导致教师唯分数论，对教学方法、学生是否全面发展无法顾全，不能激励教师改革教法，提高业务水平。廖世雄更直接指出，若无学生评教，学校对教师的考核考量、选拔使用也会有偏差。

3. 学生评教可以促进学生参与学校管理，自主发展

学生评教，体现出了学生在教育教学中的主体地位，使学生在学校中焕发出更多的主人翁精神。学生评价教师，可以使学生从过去被动学习"渐渐变化为主动吸收营养"，学生参与评价的意愿会扩大，从课堂教学评价，走向教学活动全过程。

许多研究表明，学生参与评价教师，能够激发学生对课程、教师教育教学的兴趣，由此引发学生在教学过程中地位的变化，由被动式学习变成主动选择与评判接受，这一过程就是学生主动发展的过程。另外，学生在学校时期培养民主意识，就要靠学生参与对教师评价来进行。

甘肃省教科所邓伟认为："从学生自身权力的角度来看，这是保障学生在学校受到良好教育的有力措施，适合文明进程的要求，是唤醒和培养学生乃至国民的自觉意识的良好途径。"

4. 实施正确的学生评教，能较好地调动教师工作的积极性

许多中学曾对学生评教进行过实践研究。烟台外国语实验学校隋鹏对山东省烟台市内的一些初中作为抽样对象调查认为，学生评教占到了这些学校的大多数，对教师的调查结果是81.2%的教师对学生评教非常赞同。同时，在受调查人群中，有91.6%学生对学生评教非常赞同。当然，也有个别的学校行政一把手、一线老师不赞同，他们认为学生是学习的，对教师的"教学"的认识非常少，评价教师的活动容易被个人情绪左右，因此他们的"评教"结果往往是抱有偏见的。

吉林省东丰县教科所徐军等通过对中学的学生评教工作进行研究表明，公平、科学、积极地评价教师，能最大限度地调动教师的工作积极性。江苏的耿菊花认为，学生评教这一评价方式，既能激发教师的工作热情，也能激励教师提高自己、完善自己。

5. 学生评教，可以促进教师发展

学生评教，不仅能够发现教师教育教学中存在的问题，督促教师不断改进理念和方法，也可以帮助教师提高教学能力。隋鹏对教师的调查结果显示，学生评教对教师提高有作用的占到43.3%，倾向于将学生评教结果用于考核教师的占16.7%；认为能够加强师生间的沟通、提高教与学的效率的占15%。由此可以看出，大部分教师认为学生评教可以促进个人的发展。

赵德成教授认为："学生评教与其他的教育评价工作一样，可以导向、检查和督促教师的专业发展。"尽管学校开展评教活动对教师形成了一些压力，但压力用好，即可变为动力。

甘肃省教科所邓伟通过调查和分析认为，学校通过对学生的问卷调查，能够获得教师课堂教学的真实情况，了解教学中存在的问题和不足。具体操作者对学生评教的结果进行汇总、总结、分析，将评价结果以一定的形式反馈给相关的教师，同时对教师提出改进要求，加以跟踪了解，教师的教育教学水平得以提高。教师接收到学生的"建议"等相关信息后，进行自我修正，自我提

高。从这个角度来说，学生评教可以促进教师和学生的共同成长。

6. 有利于师生之间的沟通，从而达到互相信任

在教师从事教育教学的过程中，师生双方都必须互相了解、互相适应，教师更要了解学生、研究学生。开展学生评教活动，正好可以让教师听到学生内心的声音，根据需求改进教学，创造出最适合学生的课堂或教学。

曲中林文章中提到教育的过程，指其是"一个不完美的人引领着一群不完美的人追求完美的过程"。换句话说，教师和学生都是需要成长的人，他们之间的关系，需要在彼此的评价中磨合、改进，解决问题，是一个不断提高的螺旋式上升过程。曲中林在同一篇文章中还指出，如果没有学生，教师是无"根"的，改变和提高自己，才能改变和培养学生。

珠海市拱北小学校长严红结合她在拱北小学的实践，对教师评价进行了反思，指出学生评教的作用和优势具体体现在以下四方面：①学生是主体，对教师有深刻的了解，他们的观察更为细致周全；②学生就是教师的"全程监控"，学生评教可以最大限度地贴近教师的平常状态；③学生评教实现了教与学的双向沟通，减少了反馈环节，提高了管理效率；④学生评教可以为多种目的服务。

（三）学生评教的工具

学生评教概念在前面已经进行了阐述，即学生要对教师进行评判。陈德良教授认为，学生评教的实质是"评价与测量"。

笔者在对所占有的文献进行学习的过程中，归纳出，国外高校进行学生评教一般会让专业化的评教机构（或组织）实施，使用"学生等级评定量表"。而我国各高等院校实施学生评教时，主要有学生问卷、学生座谈和制定指标体系。国内中学学生评教大致有问卷调查法、学生书面表达、谈话法三大类，指标体系法在中小学评教中尚无完整案例。

问卷调查法是以问卷形式征集学生意见，一般以选择形式加开放式评价进行，学校收集后进行汇总反馈。

学生书面表达是指在问卷以外创设的学生反映意见和建议的渠道，一般有学生来信、学生合理化建议、学生给教师写评语等。这种方式可以弥补学生问卷、口头评价过程中存在的不足，对于有些学生来说，他不愿意开口说教师的不足，即使感受到教师的缺点，也很难说出口。在这种情况下，如果组织能够给学生提供条件和机会，让学生把自己要反映的意见建议写在纸上，也是间接地评价教师。

谈话法一般包括个别谈话、集体座谈等。集体座谈是一种常见的谈话法。集体座谈召集的学生较多，学校可以了解全体任课教师的情况。谈话法通过学生发表个人看法，能更客观准确地发现教师的问题，同时，也锻炼了学生的评价能力和口头表达能力。个别谈话法，教师和学生相对比较宽松，可以谈到一些具体的问题，并且可以深入进行。但学生较少，反馈的内容不一定正确，面也比较窄，不能看作全体学生的观点。

甘肃省教科所邓伟、中华女子学院张蕾分别著文，指出"问卷调查的可靠性以及客观性都要比谈话法高，能够节约大量的时间，调查的结果远远优于口头调查"。

在学校实际实施中，不同地区、不同学校的做法也不一样，但采用最多的还是问卷调查法，很多学校往往又与其他方法结合使用。

例如，江西金溪县琅琚中学学生评教有两种形式：①填充表格式评价；②口头表达式评价。烟台外国语实验学校隋鹏对山东烟台市内的初级中学进行调查，他了解到，烟台市的几所学校主要采取的是"教师评价表"，以此来落实学生评教。但他也指出，一般学校还会有"个别座谈"等学生评教的形式。谢建军在实践中除问卷调查外，尝试开展了让学生给教师写评语的活动（书面表达法），让教师收集几条有代表性的学生评语，进而推广到学校的每位教师都能够自觉地请学生写评语。

同时，从一些文章中反映出，将课堂教学的听课、学生成绩作为直接评价教师的依据，在这两种测评工具中，学生是被动的参与者。能否作为学生评教工具，还有待商榷。

（四）学生评教效果的研究

在学术领域，人们质疑的重点是学生是否具备评教能力、学生评教的可靠性如何。刘子龙对学者（对评教稳定性可靠性的研究）的研究又进行了总结，但他在提出其观点时，有个前置的条件，那就是"在样本较大的情形下"，在此条件下，学生评教的结果是稳定的、可靠的。无论是短期，还是长期，稳定性效果都很好。同时，他还指出："学生的情绪对评教结果的影响并不大。"

基础教育领域，国内无论有许多学校开展了实践和研究。有的学校对学生评教的效果表示肯定，并进行总结。但其总结往往带有新闻色彩和宣传目的，需要进一步加以甄别和验证，在本综述中予以概括，以作参考。

1. 学生权利得到确认，学生主体意识得到凸显

根据国内学生评教的实践经验来判断，"学生评教"基本是被推广应用的，得到认可的。叶飞认为，学生评教的成功性体现在两方面："一是促成了师生关系从权威型向民主型的转变；二是凸显了学生的权利的理念。"在现代教育中，正因为对学生权利理念的缺乏，使体罚、变相体罚不断出现。

2. 对教师素质的提高有较大的促进作用

龙钧宇提出："学生评教的结果和学生的成绩具有正相关性。"他认为，成绩好的学生对教师的教学认同度较高，评价教师的态度更加端正；学习差的学生因为对教学内容不感兴趣，对课堂的认可度就较低。

也有中学的实践研究表明，"科学合理的教师评价确实起到了和我们的愿望同向发展的效果。教师队伍的整体素质有了较大的提升，形成了可以合作，可以竞争、积极向上的良好氛围"。

通过实施科学有效的学生评教，可以激发教师追求成功的斗志，激励他们扎扎实实干工作，认认真真搞教育科研，带出好学生，成为受人尊重的"名师"。

3. 可以提高教师的满意率

广东汕头市澄海区实验高级中学对2000年、2001年组织的两次学生评教进行了对比分析，最终得出结论：大部分教师2001年的评价得分比2000年的评价得分有所提高，满意率也有了提高。所以，评价活动对教师的发展有较大的促进作用。

广东省深圳市新安中学从2005年起开始实行学生评教，并发现每个学期学生的满意率都在不断上升。他们的数据是从2005年第一学期开始，持续至

2008年第一学期，共5个学期，学生的平均满意率分别为69.4%、77.8%、78.7%、82.0%、82.6%。从新安中学的数据也可以看出，满意率上升幅度比较小。这一数据对于其他学校具有参考价值。同时，新安中学郭凯对此进行了分析，他指出："学生对自己所在班的班主任的满意率要比其他的任课教师高，同时，也比全校的平均满意率高。"并且认为，学校合理实施的学生评教工作确实强力地推动了学校的教育教学质量。

4. 提高学校管理效能

从目前基础教育的发展来看，学生评教作为一种了解教育教学的辅助手段，在中小学广泛使用，部分学校借此推动教师的发展。也有一些学校更加深入地使用和推广学生评价，使其成为一种强有力的管理手段。从学校管理者的角度来讲，学生评教，就是学校的一种管理措施，甚至有的学校管理者认为，通过学生评教这一措施，可以提高学校的行政效能。

2005年8月，《朝阳日报》刊文《北票三高学生评价教师动真格》，北票市大刀阔斧地整合城乡教育资源，推出了"教师优秀不优秀让学生说了算"的学生评教制度。这一制度激励很多教师把下班业余时间都用在了钻研业务上，在备课、批改作业、辅导学生方面下功夫，教师自学成风。这一说法好坏暂不提，但通过真正实施学生评教，是能够触动教师，促进学校教学质量的提高的。2010年，新安中学对开展学生评教活动再总结时指出："提升了学校整体办学实力和品位。"

（五）学生评教存在的问题

通过对文献的学习，笔者认为，中学学生评教从理论和实践两个层面都存在诸多问题。也可以说，在意识领域存在认识上的分歧，在实践领域因为操作的多样性，也存在诸多问题。

1. 理论层面，学界的争论仍在，不利于学生评教工作推进

虽然国内的中小学或多或少地在实施"学生评教"，但人们对其也争论不休。现分别罗列如下。

（1）支持者的观点

在国内的研究中，广大学者以科学的态度进行探索，其观点最终都归结于对"学生评教"科学方法的探索,并提出了诸多实施建议,一般归为学生评教工作的支持者,支持学生评教也是主流的声音。

这些声音主要有:

① 学生依赖于细致入微的观察来评价教师,比其他人员更加贴近实际。

② 学生参与可以加强师生之间的交流,提高教师的教学水平。

③ 在不进行学生评教的学校,教师的好坏取决于学生的分数和领导对教师的印象;学生参与教师评价,才能使评教更客观,也减少了评教中的不公平元素。

同时,一些学校开展学生评教的经验表明,学生的评估结果是客观可靠的。在笔者所在学校的学生评教过程中,也能真实地发现一些问题,根据实际加以校正,能够对教师发展起到一定的促进作用。北京师范大学赵德成博士发表过多篇相关的文章,他的研究中,对学生评教的利弊进行了系统的总结和陈述,归纳出三种"与高利害决策脱钩的发展性学生评教模式"。

(2)反对者的观点

对于学生评教的反对者,主要是考量了学生评教的异化倾向和教育商品化的倾向后提出的。

2005年,潘艺林在《"学生评教"信奉什么哲学》一文中首发质疑声,将"学生评教"中学生的异化倾向表现归纳为势利心理、儿戏心理、任性心理、报复心理四类,将教师回应异化倾向归纳为迎合心理、报复心理、厌教心理。把国内对学生评教的意见归纳为推广论、荒唐论、管理失职论、缓行论、不可制度化、反客为主六种,并认为,在教育市场化的前提下,学生评教异化倾向是一种必然。认为"学生评教罢师应该缓行"。2007年,潘艺林对当时学生评教的负面现象再次进行总结,并指出学生评教被过多地应用于行政决策,给教师造成巨大的压力,学生不当的评教给教师提供了虚假的经验,当务之急是端正师生关系。

也有其他学者提出反对理由,黑龙江姚利民指出,因我国推行学生评教的时间较短,评教过程中还存在着降低学生评教有效性的因素,而且这些因素暂时还无法控制和改进。他还提出,学生评教制度不健全,又涉及教师个人能力、水平等和个人声誉相关的利益，所以它"是非常敏感的一种评价"。

由以上观点可以看出，对学生评教这一教育评价方式，并没有单纯的支持或反对，国内的学者都是想通过对"学生评教"这一教师评价方式的合理化改进，改变学校管理层的学生评教观念，使学生评教手段合理化，从而对教师发展及教育教学起到积极作用。

2. 一线的教师对学生评教并非完全认可

虽然"学生评教"在中小学逐渐推广，但有许多一线教师对"学生评教"的评价结果抱着怀疑态度，有些教师甚至抱着坚定的否定态度。山东潍坊市教科院王水玉曾经做过调研，多数校长认可学生评教，但一些教师不接受评教结果。王水玉等针对教师发展性评价，在潍坊二中、十中等10所参与实验学校开展调查研究，最终发现，多数学校引进多元评价主体，改变了过去在期末一次性评价的方式，但结果并不是很好。许多教师提出质疑：学生眼里的好老师不一定是真正的"好老师"。学校校长对学生评教结果的运用应持慎重态度，总体认为学生评教是有价值的，并提出了相应的改进策略，主要是端正态度、制定科学的评价标准、学生广泛参与、合理运用评教结果。

3. 学生评教目的模糊，结果运用不科学

通过对许多学者、中小学管理者的论文分析归纳，笔者认为，在行政主导的管理体制下，教师的评价仍然在追求量化、规范、可操作的特点。因此，也存在很多难以避免的问题。

目前的教师评价的主要目的还是"对教师进行奖惩、晋升职称、奖金发放及聘任"，其依据是教师个人表现、教学成绩、对学校的贡献等。学生评教一旦参与教师评价，那么教师就会因害怕评价结果影响未来工作而采取其他方法，因而会打击教师积极性，进而影响学生评教结果的客观性。另外，对教师的评价往往是一种终结性的、行政性的评价，"注重的是教师的最终教学结果而不是教师的发展和教学过程"。学生评教本来应该是看重过程的一种评价方式，现在却演变成了对教师的鉴定和证明，其中有利于教师发展的因素、功能被弱化了。所以，有的教师称没有感受到学生评教的意义，却觉得被别人监督了。

赵德成也指出："将学生评教的结果与一些高利害性的学校决策联系在一起不太公平。"虽然只有少数学校将学生评教结果作为奖惩、职称评定等的依据，但即使不与利益挂钩，仍然会影响老师的形象、威望等，实际上是另一个层面的"利害关系"。

4. 初中生作为评价主体，具有"不成熟性"

很多教师和学者认为，中小学生的评教过程不够客观、准确。理由主要有：

（1）学生心智没有完全成熟。

（2）有些学生因个人其他方面的担心而不如实填写问卷。

（3）学生经常会由对教师的总体印象或个人关系来评价教师，受到多种效应的影响，如"刻板效应""晕轮效应""首因效应""近因效应""福克斯效应"等。

5. 学生评教中教师的主导地位没有显现

由前述研究和笔者所在学校的实际情况可知，学生评教往往由学校教学处、政教处等部门组织，教师只是被评价的对象，无法参与评价指标、评价政策的制定，只能被动地接受评价。当教师看到学校设置的评价指标和自己的价值取向相左时，"自尊心就会受到伤害，产生不满情绪"。

6. 评教工具手段欠缺科学性

尽管有人提出"学生评教诊断意义有限"，但更为本质、更为严重的问题是：不管中小学使用什么样的学生评教工具（调查问卷、座谈等），学者和教师有未达成共识的定义，主要有"什么样的教学是高质量的教学？""高质量教学如何操作？"正因为如此，我们编制学生评教问卷的基础（基本界定办法）是缺失的，因此，我们很难再开发出具有真正诊断意义的评价工具。此外，在评价标准和方法上，现在的评价往往采用的是单一标准和量化评价的手段。

对各校的评价表设计科学性的欠缺，洪敏、隋鹏也都进行了调查论述，认为其不合理之处显而易见。具有代表性的是隋鹏总结出的七个主要表现：

（1）所有教师不分专业而使用同样评价标准，没有针对性。

（2）缺少师生互动和对学生主体性的关注。

（3）对所有科目的教师均使用相同的评价标准，难以体现学科特点。

（4）评价条目含有多个意义，界定不明确，使学生难以理解。

（5）有些使用专业语言，不符合学生的认知能力。

（6）评价标准的项目赋值缺乏统一的标准，等级不明确。

（7）评价指标没有权重，体现不出重点指标。在实践层面，学生评教的组织实施更加随意。

总之，在学生评教的实践研究中，以教育类学位论文（如高红菊、孙金文）和地方期刊中有所体现，总体观点在于：学生评教应坚持科学发展的评价观，在评教中以促进教师发展为目的，突出评价过程的教育性价值，以校正教师的教学行为为目的；利用评价结果为教师提供专业的支持；在与教师个人利益密切相关的考核中，学生评教结果应该慎重使用。

（六）学生评教存在问题及原因分析

结合前面综述，笔者对各种问题和现象进行归纳，对学生评教中存在的问题进行分析，结合以前研究者的观点，笔者提出以下观点。

1. 高考体制造就的成绩第一的价值取向的影响

很多学者和教师都认为，目前我国高中存在的价值取向是有问题的，无论是考试主义还是素质主义，均不够全面，不能完全适应社会需求，这也是现在高考改革难度大的原因。而现实是，由于我国的招生体制问题，考试主义取向的力量占绝对上风，因而造就了社会、家长对成绩分数的追求，也造就了一个考试型的学校时代，使学生评价打上了"唯分论"的烙印。

2. 管理者管理思想的偏差

在学校管理工作中，很多学校行政领导为了提高管理效能，不断推进精细化管理、量化管理，对教师评价方面，追求精确性、可以运用教师考核的数据，这种管理理念之下，学校的"以人为本"成为空谈，不符合时代潮流，没有认识到教育的复杂性，与教师的社会角色是不相适应的。甚至出现追求"收拾"教师的结果，与追求教师专业发展完全相背。

3. 学校的管理体制和组织结构行政化的特点明显

层级制度、官僚作风、形式主义、行政命令、法人治理等一系列枷锁套在"学校"这个机构上，使学生评教成为鸡肋，甚至摆设。

4. 缺乏评价理论和评价方法的指导

教师评价本来是一项专业性很强的工作，在很多的中学中，没有教师评价的专业人员，更没有"相应的评价理论和评价方法作指导"。

（七）学生评教存在问题的解决途径

2005年以后，初中学校普遍在使用学生评教，而其利弊分析也始终在学术层面不断被讨论，但其结果却指向趋利避害。换而言之，学生评教在逐步被认可，并不断被加以改进。

1. 理论研究逐步深入，理论支持逐步增多

2006—2008年，赵德成教授在进行了学生评教利弊的调查研究后指出，学生评教结果的使用方式对教师态度有重要的影响，广大教师对公布评教结果持反对态度，更不同意把学生评教结果作为教师晋升或考核的主要依据，提出学生评教和"高利害考核脱钩"，而实施"发展性学生评教"。

李方先生在《基础教育学教程》中就"现代课堂教学测评发展趋势"进行研究，并指出测评主体必然会由一元走向多元，测评的模式由单一固定走向多样灵活。由此可以看出，学生评教的"身影"正活跃于对教师、对课堂的评价舞台。尤其重要的是，当前还出现了"网上评教"，并指出，学生评教网上测评系统一般应具有填写、数据处理、查看测评分数、系统管理等功能。这是学生评教首次提到"应用网络"。

在我国，尽管淡化学生评教是在甄别好坏与选拔教师，而注重于发挥它的诊断、激励和改进功能，但具体做法上尚不成熟。赵德成教授提出了三种发展性学生评教模式：一是教师自主模式（由教师发起），二是学校主导模式（由学校发起），三是第三方介入模式（请第三方评价）。华东师范大学王斌华教授认为：这三种对教师的评价方式"能促进教师需求和学校需求，使教师和学校共同受益"。

综上分析，学生评教虽然存在争论，但国内的学者始终做着避免争论，趋向更合理、更规范地使用学生评教手段的研究和努力，并朝着预期的方向在发展，分歧最终会被新的理论代替。网络评价、发展性评价必然会走进学生评教。

2. 在指导思想上，建立促进教师发展的评价观

学生评价教师，要以发展为导向。换而言之，要让评价结果好的教师发挥榜样的作用，鼓励其他人向更高目标迈进；对评价结果不好的教师要改进自己，关注教学。

2005年，王水云等提出学校不能唯分是从，应该把工作和视野定位在激励教师的发展上。

2012年，江苏教育学院教授刘五驹从学生作为教育评价主体的角度出发，对其主要特征、性质及实际作用进行理论分析，认为教师评价是多元化的，而学生只是其中的一部分，并且很难起到决定性作用；学生这一评价主体有局限性、成长性和不稳定性，因此，学生作为评价主体参与教师评价，还要关注它的教育性和发展性的意义。

3. 学校组织管理者要讲究评教策略

在理论层面。2006年，赵德良具体阐述了"发展性学生评教"的实施建议：一是要认真做好教师的宣传动员工作，让教师接受学生评价，增强开放性；二是学校必须针对评教的意见，给予教师改进的专业支持；三是为评估教师的改进效果，建议多次组织"学生评教活动"。同期，王水云等提出评教的过程要注意讲求民主性。他在与隋立国的合作论文中，主张学校最大限度地创造公平民主的评价氛围，减少学生的压力，学校要提前对学生开展引导工作，"以创造真诚、宽松、民主的氛围"。

在学校实践经验总结的层面上，烟台外国语实验学校隋鹏总结该校学生评教的支持平台有三项："管理机构、制度保障、理论与技术的指导的建设"。其观点和许多学者的观点一致，即学校组织"学生评教"这一活动时，最好设立专门的机构负责该项工作，以便于强化管理，强化协调和沟通。同时，为了该机构工作的有效性和代表的广泛性，要从教师、学生中选出代表参加该机构。同时，也有人研究后提出，制定一套完整的规章制度，使"学生评教走向制度化"。

4. 让教师和学生成为"评教"的主体

姚利民的研究表明，学生评教过程中存在的诸多问题确实影响了学生评教的有效性。部分学校也采取了相应措施，提高了学生评教的有效性。姚利民、邓菊香提出："在提高师生认识层面，要让学生认识到自己有资格、有权利、有责任对教师进行评价"；教师要自主能动地接受学生评教。学校要让教师感觉到学生具备评价教师的能力，评教结果比较可靠，会对教师的教学有帮助。要给学生参与的空间和机会，学生广泛参与，才能使评教结果更加公平客观。在具体做法上，他们也提出了意见。意见认为学校在组织学生评教之前，事先征求学生（或学生代表）的意见，在制定评教标准的过程中，也要让学生参与，这样，才能充分体现学生的主体性。诚然，学生是否具备制定标准的能力是值得怀疑的，但家长可以代表学生参与其中。通过学生对评教的参与，可以促使学生对课堂学习进行反思，使个人认识得到提高。也只有创造契合学生愿望、学生主动参与的气氛环境，学生才能够"真正遵守规则"。

研究学者普遍认为，教学工作是复杂的工程，所以评价教师的教学是一项难度较大的课题。正因为复杂，所以科学地评价教师，就需要多途径、全角度地进行。在评价中，"学生评教"的结果与其他方面的教师评价结果互相补充、互相印证，才能让教师评价更加真实可靠。因此，学校组织学生评教时，必须要让教师参与其中。

5. 选用合适的评价方法，提高评教有效性

在评价方法的选择上，许多学者认为应该多种方法结合使用，以提高评教的有效性。各中学的实践也表明，多种方法共同评教可靠性会更高。山东省昌邑市潍水学校齐美利提出："要将日常学生评教和临终期末学生评教结合起来，但是重点应该放在日常学生评教上。"

就评价过程而言，我省武威市凉州区蔡志仁提出处理好几个关系的问题，本人认为是比较好的参考，可以作为提高评教有效性的必要前提，这几个"关系"分别是：

（1）相对评价与绝对评价

管理人员在应用学生评价教师的方案时，应注意评价的范围、时间及标准，尽量避免大范围、长时间段内的评价。

（2）单项评价和综合评价

做好单项评价，才能在此基础上开展综合评价，两者相结合可以提高学生评教的有效性，避免片面性。

（3）定性评价和定量评价

所谓定性评价，就是给教师做鉴定，下评语，如"优秀""不称职"等定性词语。这样的表述，带有一定的片面性。对教师定量评价，就是让学生采用赋分评价。

（4）过程性评价和终极性评价

终极性评价是结论性质的，它需要过程评价的支持，两者相互印证，才能说明评价是成功的、到位的。

（5）评价者与被评价者之间的关系

之前已有诸多说明，在教学中，学生是主体，教师是主导，在学生评教中，二者都是主体，但所处位置不同。

在实践层面，有些学校也有了较好的做法。2000年后，广东汕头市澄海区实验高级中学先后三次组织学生参与对教师课堂教学的评价，其方法与步骤有：①拟定评价表。②填写评价表，一般用匿名方式，学校教务处讲清评价的目的，评价表各指标的内涵、打分方法，学生填写评价表后，当场收回封存。③数据收集及处理。全校学生全部参与评价，全部任课教师全部被评价。收回全部评价表的数据，按班级、学科、教师个体单独统计，用电脑处理相关数据。

6. 合理运用评价结果

学校要让学生评教成为触动教师改进、提高的一股力量源泉，鼓励教师做学生真正喜爱的"大朋友"。在数据收集之后，学校不仅要统计相关结果，更重要的是进行分析，结合教学实际、教师实际提出中肯、合理的建议和意见。只有这样，评教结果才能发挥积极的作用。

对于学生评教结果的反馈方法，姚利民、邓菊香在论文中指出："评教结果不宜在全校公开发布，更不适合从高到低按得分排队。"即使学校认为学生评教的结果比较客观、真实，也应该慎重，最好不要公布。结合前期学习，笔者认为，在一定范围内保密，只和个别人见面是一种比较好的方式。姚利民针对评教信息反馈问题，提出了建议，他认为：对学生评价较低的教师，为其定性时一定要慎重，从其他侧面进行深入了解，允许教师提出复议申请，对确实有问题的，要有针对性地给予帮助；同时，要对本校学生评分的客观程度有比较全面的把握。反馈的内容中，不仅要反馈量化的结果，还要反馈定性的结果；反馈的信息要具体、明确，保证教师能够理解，要尽可能用肯定的方式说明问题。

在处理评教结果的时候，许多学者都有这样的共识，就是要指出问题有利于教师的工作，提出期望，肯定成绩以利于教师的专业发展。

深圳市新安中学的做法是把评价结果"以信件形式反馈给教师本人"，他们的教师会自己结合评价情况再进行调查研究，主动改进，提高教育教学水平。学校的管理者在学生评教后倡导教师以"平常心"对待学生评教，维持了教师的稳定，维护了教师的尊严，促进了教师的改进。

7. 设计合理的评教问卷

学生评教问卷设计，既要合理设置相关的评价指标，还要在评教问卷中设置开放性问题，更要注意到问卷的"通俗易懂和亲和性"。

关于学生评教问卷设计，安徽宿州市祁县中学郭振海的意见比较贴合兰州市实际情况，他提出：

（1）评价标准要包含定性评价和定量评价两方面。定量评价从事关教师的各个方面设计项目，每个项目设定"很好、较好、一般、差"四档答案，让学生进行评价。定性评价也分成很满意、满意、基本满意、不满意四个等级进行。

（2）调查表应该设计"备注"，使调查结果更真实，同时，让学生对自己的评价说出理由。当对全体任课教师和班主任开展评价时，再加一项"对学校的建议或者意见"，以便于学校改进管理工作。

2000年后，广东澄海市实验高级中学拟定的评价表为定量评价表，但在评价表后设计了开放性栏目，用于学生填写意见。

它的定量设了两级指标："一级指标设立教育态度、教学方法、教学手段、教学效果等四个大项；二级指标是把一级指标的每个项目按五组评分，成为20个小项。在评价之后，综合统计得分，根据得分又将评价结果分成四等：90分以上为很满意，70分以下为不太满意，70到90之间，每10分为一档，设为满意、基本满意。"

参考文献：

1. 普通图书

［1］陈孝彬，高洪源.教育管理学［M］.北京：北京师范大学出版社，2008：249-251.

［2］陈玉琨.教育评价学［M］.北京：人民教育出版社，1999：130-141.

［3］冯文全.现代教育学［M］.北京：北京师范大学出版社，2012：366-371.

［4］顾明远.中国教育大系——现代教育理论丛编（一、二卷）［M］.武汉：湖北教育出版社，2004：1903-1905.

［5］金娣，王钢.教育评价与测量［M］.北京：教育科学出版社，2007：12.

［6］彭德华，朱雪峰.学校管理心理学［M］.兰州：甘肃教育出版社，1999：128-132.

［7］教育大词典编纂委员会.教育大辞典（第6卷）［M］.上海：上海教育出版社，1992：972.

［8］王斌华.发展性教师评价制度［M］.上海：华东师范大学出版社，1998：121.

［9］严红.促进学生成长和教师发展的评价改革［M］.天津：天津教育出版社，2004：150-152.

2. 期刊文献

［1］蔡敏.美国中小学教师评价改革的有益经验分析［J］.中国教育学刊，2007（7）：65-68.

［2］蔡志仁.学生评价教师产生的问题及管理策略［J］.甘肃教育，2005（9）：13.

［3］陈德良，周春林.学生评教透视［J］.江苏高教，2006（2）：66–68.

［4］陈剑启，江晓帆.国内外关于学生评教的相关研究综述［J］.中国集
体经济，2008（1）：182–183.

［5］陈一心.学生评教的价值思考与对策选择［J］.长春教育学院学报，
2015（6）：115–116.

［6］崔国生.学生评教误差的几种校正方法［J］.沈阳工程学院学报，
2009，5（3）：402–403.

［7］邓伟.漫谈学生评价教师［J］.甘肃教育，2007，B（6）：9.

［8］邓伟.学生评价教师和学生评教活动浅议［J］.教育革新，2007（1）：
24–25.

［9］涤生.适度才是关键——学生评价教师之辨析［J］.教育旬刊，
2009，上（5）：36–37.

［10］樊明.学生课程成绩及学生对教师教学评价的影响因素——以劳动
经济学课程为例［J］.中国劳动关系学院学报，2007，12（6）：
102–106.

［11］耿菊花.浅议学生评价教师的能动作用［J］.考试周刊，2011（62）：
210.

［12］郭凯.深圳市新安中学学生评教的调查与分析［J］.学校管理与发
展，2008（7）：14–16.

［13］郭振海.开展学生评教问卷调查应注意的问题［J］.校长参考，
2010（7）：76–77.

［14］梁静.浅议教学督导及学生评教在教学质量监控体系中的作用［J］.
新西部，2014（32）：42–43.

［15］廖世雄."学生评价教师"的实践与思考［J］.教学与管理，2006（8）：
26–27.

［16］刘五驹.学生作为教育评价主体的意义分析［J］.教育导刊，2012（3）：
8–11.

［17］刘子龙，谢玉爽.学生评教的发展与研究综述［J］.当代教育论

坛，2010（2）：60-62.

[18] 龙钧宇.基于学情聚类分析的高职学生评教研究［J］.现代计算
机，2013（10）：17-19.

[19] 骆秀萍.学生能去成为上帝么——一种来自教育学的批判［J］.观
察与思考，2012（10）：192-193.

[20] 潘艺林."学生评教"（SRTE）对教师发展的负面影响［J］.民办
教育研究，2007，29（2）：75-79.

[21] 潘艺林."学生评教"信奉什么哲学［J］.教育理论与实践，
2005，25（12）：27-31.

[22] 齐美利.为学生评教把把脉［J］.河南教育，2015（5）：19-20.

[23] 曲中林.教师活在学生的评价中［J］.教育学术月刊，2012（5）：
68-71.

[24] 商弘，章飞军.我国学生评教量表改进研究［J］.理工高教研究，
2009，28（1）：71-73.

[25] 隋鹏.关于学生评教的调查研究［J］.出国与就业，2011（7）：
101-102.

[26] 王水玉，隋立国.学生评价教师的困惑与反思［J］.当代教育科
学，2005（14）：48-50.

[27] 王永林.学生评教的特性及其影响因素初探［J］.教育科学，2005（1）：
28-30.

[28] 吴静.学生评教的研究现状及启示［J］.北京工业职业技术学院学
报，2013，12（3）：104-107.

[29] 姚红霞，徐军.科学合理评价促进教师发展［J］.中学校长，2007（6）：
27-28.

[30] 姚利民，邓菊香.提高学生评教有效性之对策研究［J］.黑龙江高
教研究，2005（5）：19-22.

[31] 叶飞.学生评教：究竟信奉哪种教育哲学？［J］.上海教育科研，
2006（10）：36-38.

［32］赵德成，刘红.中小学生评教——支持还是反对［J］.教育科学研究，2008（3）：21-23.

［33］赵德成.中小学教师对学生评教利弊的态度［J］.教育研究与实验，2007（3）：53-58.

［34］赵德成.促进教师发展的学生评教［J］.中国教育学刊，2006（12）：64-67.

［35］周自元.学生评价教师的做法［J］.校长参考，2007（11）：31-32.

［36］朱淑霞.我国中小学教师评价问题浅议［J］.当代教育科学，2003（18）：50-51.

［37］左瑾，黄甫全.中小学"学生评教"的概念，原理与策略［J］.湖南第一师范学院学报，2013，13（3）：43-48.

3. 电子文献

［1］国务院.中国教育改革与发展纲要［EB/OL］.教育部网站，1993. http: // www. moe. gov. cn/s78/A03/ghs_left/moe_1892/s6616/s6617/201207/ t20120706_138916. html.

［2］中共中央.中共中央关于教育体制改革的决定［EB/OL］.教育部网站，1985. http://www. moe. gov. cn/jyb_sjzl/moe_177/tnull_2482. html.

4. 报纸中析出的文献

李益众.评价教师如何做到科学公正［N］.中国教育报，2007-09-07（2）.

新高考下普通高中校本生涯教育的实践思考

兰州市第六十四中学　甘雨虹

2014年9月我国正式颁布了《国务院关于深化考试招生制度改革的实施意见》，新一轮高考改革大幕正式开启。本次改革的最大特点是在一定程度上赋予学生在考试选择和学科选择上的自主权，这就要求普通高中学校开始重视学生生涯规划教育，不断加强对学生综合素养的培养，唤醒学生生涯规划意识，引导学生正确认识自己、合理规划学业与职业。随后上海、浙江和北京、天津、山东、海南作为前两批试点省市，分别于2014年、2017年启动高考改革，率先为全国开展高考综合改革提供经验与指导。2020年4月，我省召开全省高考综合改革工作推进会，明确2021年9月全面启动高考综合改革。随后我省各市州将新高考工作提上重要日程，相继出台实施方案，兰州市教委明确要求学校加强普通高中生涯规划教育，为学生适应新高考提供指导与帮助。为了贯彻落实市教委这一要求，各普通高中开展校本生涯规划教育的探索和实践必将成为高考改革的重要组成部分。

一、普通高中学校开展校本生涯规划教育的重要性与必要性

2010年5月，国务院审议通过了《国家中长期教育改革发展规划纲要（2010—2020）》，纲要明确指出要建立学生发展指导制度，加强学生理想、心理、学业等方面的指导，各地要通过多渠道对学生进行生涯指导。

生涯规划教育是人的教育，是指导和帮助学生形成生涯理念，掌握生涯

知识和培养生涯能力的综合性教育活动。新高考制度推行后，各普通高中学校肩负着帮助和指导学生适应社会生活、适应高等教育、适应未来职业、奠定终身发展基础的重要教育任务。在新高考开始推行前，高中学生普遍缺乏生涯规划，高中生对自己的兴趣爱好、能力特长认识不清，对社会上存在的职业种类及各职业对从业者的素质要求缺乏了解，在升学和就业方面很少能有自己的主见，导致其不能结合自己和社会职业的实际情况选择升学和就业，由此引发后续的学习困扰和就业困难等问题。因此，普通高中学校开展生涯规划教育的必要性表现为以下四个方面：一是个体发展的需要，二是教育自身发展的需要，三是社会发展的需要，四是缓解失业问题的需要。简言之，生涯规划教育的顺利开展能够促进社会和个体的和谐发展。

二、普通高中学生在生涯规划方面普遍存在的问题

美国著名的职业管理学家舒伯（Super）的职业发展阶段理论将个体生涯发展分为五个阶段：成长阶段（出生～14岁）、探索阶段（15～24岁）、建立阶段（25～44岁）、维持阶段（45～65岁）、衰退阶段（65岁以上）。普通高中阶段的学生处于探索阶段，这一阶段青少年力图更加了解自我并做出尝试性决策，同时由于他们的年龄特点和心理特点，在生涯决策中普遍存在如下问题：第一，对自我认识不足；第二，职业认知程度偏低；第三，职业规划意识淡薄；第四，职业决策能力缺乏。

三、普通高中开展校本生涯规划教育的主要途径

普通高中学生生涯规划教育呈现阶段性特点：高一年级学生需要提升自身对职业领域认识以及对自身个性、兴趣、能力倾向的认识与把握；高二年级学生则需要更多的实践体验活动，课程要求更加贴近社会生活实际；高三年级学生需要涉猎系统的升学、就业相关信息。针对以上特点，建议普通高中学校从以下几个方面着手校本生涯规划教育的实践。

1. 开设生涯规划教育课程，开展升学辅导，完善生涯校本教材

根据学生特点，具体的课程方案可涵盖：认识生涯形态、自我探索认

知、价值观澄清、分析家庭影响、成长环境探索、职业体验、生涯决策等。课程具体实施途径可从如下几个方面展开：课堂教学、体验式教学、团体辅导、模拟演练、学科渗透等。

2. 加强生涯规划师资配备与培训，促进个体辅导普及化

整个生涯规划教育师资团队可由以下几部分构成。

校本生涯规划教育课程师资

心理健康教育教师	生涯规划教育核心课程的开发与实施
学生成长导师	挖掘学生生涯潜能、关心学生成长
班主任、科任老师	学科渗透、生涯指导、生活辅导
校外专家、家长、校友	社会主流方向宏观指导
社会职业（各行各业代表）	体验式职业指导

学校让接受过专业训练的心理教师或邀请国内外知名专家以讲座形式对全体教师进行培训，使各班主任、任课教师具备生涯辅导理论知识和实践能力，在日常学科教学和教育管理中渗透生涯教育；将生涯规划教育进一步与导师制融合，推行生涯辅导导师制，一名教师负责5～10名学生，并对受导学生进行个体生涯辅导。

3. 构建网络生涯辅导平台，促进学生自主研习

学校通过生涯测评软件和专业职业测评系统的使用，让学生进一步科学地认识自己、了解专业和职业的最新资讯。

4. 建立朋辈生涯辅导制度，发挥校友辅导优势

朋辈辅导起源于心理健康教育，设立之初是为了更好地帮助有心理问题的学生，目的是让他们更加乐于倾诉与沟通。同样，朋辈辅导制度也可以应用于生涯辅导体系。例如，可以邀请校内高二学生为高一学生就选科问题进行辅导，邀请高三学生为高二学生就学业规划进行指导，邀请本校毕业的大一学生为高三学生就高校及专业信息进行宣传指导，邀请本校知名校友为学生进行社会主流发展方向与人生规划选择的分享等。

5. 以体验式教学和生涯活动课程为主，与劳动教育课程结合，不断扩展生涯辅导形式

就生涯规划教育而言，课堂是主阵地，但不是唯一的阵地。调查研究发现高中学生最乐于接受体验式教学，因此学校可以利用校内外活动，如社团、社会实践、劳动教育、参观考察、市场调研、志愿服务活动、校园模拟招聘会等，让学生进入现场，强化互动体验，提升学生实践能力，培养学生核心素养。

6. 加强家校合作，共促生涯发展

家校合作意义重大，最优化呈现家校合力，谋求1+1＞2的家校共育模式，同样适用于生涯规划教育。就生涯规划教育而言，家庭教育中主要存在以下两方面的问题：一是家长缺乏对生涯规划知识的基本认知，二是家长压根没有生涯辅导意识。

针对以上问题，学校可以通过如下途径解决这两方面的困境：第一，加强对家长进行学校生涯规划教育相关内容的培训，通过讲座、团体训练、调研访谈、发放宣传资料等方式唤醒家长生涯规划意识。第二，利用家长开放日、主题班会等契机，举办各类生涯规划主题教育实践活动，让家长与学生共同参与并体验生涯规划的乐趣，激发家长对生涯规划活动的兴趣，进而强化他们对生涯规划教育的重视程度。

四、普通高中开展校本生涯规划教育需要重点关注的其他问题

1. 重点关注家庭教育不良的学生

这类学生由于家庭经济条件所限、家庭成员关系紧张、家庭教养方式不当等原因，养成了不良的学习和生活习惯，在学校中存在自卑、暴力等极端思想和行为，认为自己一无是处。针对这类学生群体，学校在保护他们的自尊心的前提下，给予特别关心，帮助他们寻找生涯发展目标，重塑生活信心，这对于此类学生的稳定和发展意义重大。

2. 重点关注学业不良的学生

学业不良的学生也就是我们常说的"学困生"，这类学生一般有两种表现：一种类似于"隐形人"，自己默默躲在角落里，经常被教师或同学忽略；另一种为引起教师和同学关注，频繁违反校纪校规。针对这两类学生，学校首先要关注他们的存在；其次要挖掘他们的优势，利用学生自身优势，帮助他们进行科学合理的生涯规划。近几年，时常听到教师评论有些学生："这孩子除了学习不好，其他都好。"遇到这样的个案，做好生涯指导，让学生有方向、有动力、有行动，未来也是可以成就一番事业的。

新高考下的普通高中学校较以往传统高中教育而言，更加注重生涯规划教育。随着高考综合改革的全面推进，将促使各高中学校成为开放的信息场，届时普通高中学校会成为整合资源、提供学生发展的体验基地。而高中学生在确定了自己的职业方向后，也会在日常生活中对自己感兴趣的专业和职业多加留意，从事相关实践活动，提升自身综合能力与竞争力，做好职业准备和人生规划。

基于核心素养的初中政治课堂教学策略研究

兰州市第六十四中学　曾　艳

近年来，随着新课改的提出与实施，初中政治学科的教师进一步明确了教学的方向，注重学生学习主体性的发挥，并采取理论与实践相结合的教学方式与手段，促进学生综合能力与实践能力的提高。值得一提的是，在初中政治的实际教学过程中，相关教师对于核心素养评价机制进行完善，为政治学科的教学发展以及学生综合政治素养的提升打下了坚实的基础。

一、核心素养的基本内涵

核心素养，一般来说，指的是学生通过某一学科的学习，获得相应的能力，并且这一能力能够成为学生适应社会、满足社会需求的关键因素。当前，在新课改的时代背景下，加强对学生核心素养的培养已经成为教育的中心内容，同时也是促进学生综合能力提升的重要一环。

二、政治学科中加强对学生核心素养培养的意义

处于初中阶段的学生，他们年纪尚轻，心智也未完全成熟。作为相关教师，尤其是政治学科的教师，应当在思想上加强对学生的教育，引领学生形成正确的思想观念。同时，政治教师还应该搭建并不断完善学生核心素养培养的知识结构体系，进一步明确能够对学生未来成长发展有指导性意义的教育内容，最终引导学生形成积极向上的价值观。总的来说，在初中政治学科中重点

加强学生核心素养的培养，在学生整体素质的提高以及价值引领方面有着重要的意义。

三、提升核心素养教学质量的有效对策

针对核心素养的基本内涵以及在政治学科中加强学生核心素养培养的重要意义，初中政治学科的教师应当重视对学生核心素养的培养，更新教学理念，深入研究与不断创新教学方式与手段。具体来说，在政治学科的教学活动中，提升学生核心素养的教学对策主要体现在以下几个方面。

1. 加强学生思维能力方面的培养

在素质教育的背景下，每一学科的教学活动都应当注重学生的全面发展，对于初中政治学科来说，同样如此。具体来说，作为初中政治学科的教师，应当注重加强学生在语言能力、思维逻辑能力和人际交往能力等方面的培养。学生核心素养的提升，与这些能力的共同发展密不可分，这就要求初中政治学科的教师应当注重学生各方面的发展，同时还要关注学生在心理和情感方面的问题，特别是在思维能力方面，教师要引导学生多角度、全方位考虑问题，以形成正确的逻辑思维。

2. 创新初中政治教学的方式与手段

在任何学科的教学活动中，教师都应当确立好学生在整个教学活动中的主体地位，充分发挥学生学习的积极性。从这一点来看，这也完全符合学生核心素养的培养要求。具体来说，作为初中政治学科的教师，应当为学生营造出平等的学习氛围，鼓励学生自主发表意见，使得学生能够顺利地参与教学活动。另外，在创新教学方式方面，教师对于课程中的教学内容还可以采用分组讨论的方式，并通过辩论等方式深入理解教学内容。值得一提的是，政治学科教师在让学生开展讨论、辩论等活动前，可以让学生做好预习等收集、准备材料的活动，提升学生自主学习的能力。通过这样的教学活动的开展，学生之间不仅加强了沟通与交流，而且对于政治学科的基本知识点也做到了熟练地掌握，奠定了扎实的学科基础。

3. 在具体的教学过程中坚持理论与实践相结合

初中阶段，是学生成长成才的关键时期，也是价值观形成的重要阶段。学生在这一时期的学习状况如何，将直接影响今后的发展。鉴于此，在核心素养培养的前提下，初中政治学科教师的教学活动要回归生活，所讲授的教学内容应当能够指导生活，具有实践性的意义。具体来说，相关教师在开展政治学科的教学活动时，应当坚持理论与实践相结合的原则，将生活中的例子引入课堂教学中作为有力辅助。同时，教师还可以为学生创设情境式的教学模式，通过多媒体设备播放视频、图片等，将生活化的场景在课堂上予以呈现，进而学生展开合理性联想，加强他们在思维能力方面的训练。

4. 所选取的教学素材要贴近生活

在初中政治学科的教学中，为了更好地提升学生的核心素养，作为政治学科的教师在选取教学素材方面，应当尽量贴近生活，并将生活化的题材与政治教材中所涉及的基本概念结合起来，充分利用应用性的常识，紧密围绕学生的实际生活展开课堂教学。教师通过采取这样的教学手段，为课堂教学活动注入新的活力，同时还能够扩大学生的公共参与度，对于学生社会责任感的增强也有促进的作用，最终有效增强学生政治学科的核心素养。

四、结语

总之，如上文所述，在政治学科中加强对学生核心素养的培养，有着重要的意义与作用。其中，社会实践是教学有效开展的关键环节，能够增强学生的综合素质与能力。另外，初中政治学科教师业务能力的高低，也是学生核心素质培养的关键因素，无论是学校层面还是教师自身，都应当予以重视，要加强教师职业能力的培训与锻炼。综上，作为初中政治学科的教师，应当加强对于学生核心素养的培养，不断提升这一学科的教学质量。

参考文献：

[1] 王琦. 初中政治中核心素养培养的课堂教学策略 [J]. 速读（中旬），2018（10）：99.

［2］明红生.初中政治教学如何培养学生核心素养［J］.课堂内外：教师版（初等教育），2018（9）：112.

［3］冯俊华.基于培育学生核心素养的初中政治时政教学［J］.新课程·中旬，2018（9）：30.